少女峰地區
Jungfrau Region

Jungfraujoch
少女峰火車站

Jungfrau Region 完全攻略　一次認識少女峰地區的全部觀景區

　　告別薩斯斐，經過約兩小時的交通，我們在早上 10 點多終於抵達因特拉肯東（INTERLAKEN OST），這裡是進入少女峰地區（JUNGFRAUJOCH REGION）的主要火車站。與去年一樣，依然見到火車站內外滿滿的旅客，在大家臉上看到同樣熱切期待的喜悅神情，我跟 JACKMAN 對望一下，笑著說：「我們終於回來了，上山吧！」

驚喜的發現

　　邁進全書的最終章，此次少女峰地區的行程實際上共花了五天四夜，跟上一回的旅程一樣，我在地圖上找出兩次旅程中所有搭乘過的火車及登山路線、造訪過的觀景區以及走過的健行路線，才有這些驚喜發現。

艾格峰
（Eiger）

火車路線及登山路線

首先，在火車路線及登山路線方面，從因特拉肯東開始到最高的少女峰火車站之間，除了格林德瓦（GRINDELWALD）附近的 GRUND → HOLENSTEIN 這一段外，我們通通都搭乘過，觀賞了不同區域的景色。

造訪了全部觀景區

第二，從觀景區方面來看，從地圖最下方的哈德昆（HARDER KULM）展開，縱橫遊走及探索，直至最上方的少女峰觀景台，足跡甚至遍及地圖右邊上角，不屬於少女峰地區鐵道範圍的雪朗峰觀景台（SCHILTHORN），我們也一一造訪了。

76 條不同程度的健行路線

第三是健行路線，健行一直都是我們旅程的重點。在火車站或旅客中心除了要索取地圖外，還有一份涵蓋了整個區域健行路線的資料，也一定要索取。它羅列了 76 條不同程度的路線，官方精心推薦了六大路線，其中一條更是國家地理雜誌推薦的世界級經典步道。六大路線中，我們走完了四條，另外兩條也完成了部分路段。（請留意下一篇：「完全攻略：一次認識少女峰地區的 76 條健行路線」）

難怪此地區的少女峰旅遊通票（JUNGFRAU TRAVEL PASS）會發售「連續六天的通票」，也相當受歡迎，回想一下其他瑞士主要旅遊區，通常只有兩至三天的通票，為何會需要這麼多天？這麼說來，我們先後花了十天才獲得上面的「成績」，談不上是什麼值得炫耀的佳績，這樣列出自己足跡，目的只有一個，就是告訴大家，這地方真的是一個處處精彩的廣大山區，聞名世界的少女峰觀景台固然是非去不去，願意投資三、四天或更多的旅人，絕對是眼光準確，收穫必可滿載而歸！

格林德瓦是少女峰地區的左邊山谷小鎮，此鎮有兩個觀景台：菲斯特（FIRST）與普芬斯蒂格（PFINGSTEGG），前者的名氣較大，不過我們也很喜歡後者的風景，在此鎮後方坐纜車上山，可欣賞到艾格峰及格林德瓦景色，左右兩張照片都是拍攝於普芬斯蒂格觀景台。

格林德瓦
（**Grindelwald**）

Pfingstegg
普芬斯蒂格

歐洲最困難攀爬的三大北壁

　　艾格峰（EIGER）是少女峰地區三大主峰之一，位於左邊，1858 年便有人第一次登頂成功，可是其北壁被世界公認為歐洲三大最兇險的峭壁，百多年來許多登山者因北壁變幻莫測的風雪、落石、雪崩而意外死亡，故有殺人峭壁之稱，直至 1938 年才被征服。至今，此兇險的北壁依然是無數攀登者畢生追求的目標。

分析整個少女峰地區：❶少女峰地區之門戶市鎮

因特拉肯是此區的門戶市鎮，先從這個人人必經的市區說起。它位於布里恩茨湖（BRIENZESEE）與圖恩湖（THUNERSEE）之間，因而得名 INTERLAKEN（即是兩湖之間的意思）。這地方有兩個火車站，分別為因特拉肯東（INTERLAKEN OST）及因特拉肯西（INTERLAKEN WEST），前者是上山唯一的火車站，從琉森或蒙投坐黃金快線（GOLDENPASS LINE）來的旅客當然就在東站下車。

因特拉肯東的周邊

不少旅客以為因特拉肯東只是上山的必經火車站，其實在步行範圍內還有兩處很值得納入行程。布里恩茨湖的碼頭很接近火車站，持有 SWISS TRAVEL PASS 或 JUNGFRAU TRAVEL PASS（只限連續五天或六天）都可以免費，所以除了在山上遊覽，也不要錯過坐船遊湖的美好時光。再加上哈德昆，從火車站步行至纜車站也只要十多分鐘，旅客搭乘纜車上去，便可欣賞到整片少女峰地區及兩湖的廣闊景色。

因特拉肯東火車站的兩間超市

火車站內有一間小小的 COOP，類似便利店的規模，天天營業至晚上九點整，以照顧大量旅客，周一至五從清晨六點便開始營業，其他則是七點。此外，火車站正對面還有大型 COOP，內有自助餐廳，周一至六於早上八點開門，周日休息。

因特拉肯東火車站旁的青年旅舍

假使無法住在風景優美的山谷小鎮，而需要住在因特拉肯市內，建議住在因特拉肯東火車站附近，會方便許多，在此站正門的右邊，有一四層高的 INTERLAKEN YOUTH HOSTEL，提供四人或六人床位的共用房間，特別適合一個人，價錢從 39.5 瑞郎起跳，或是多人同行一起住也不錯，另外也提供雙人房，價錢為 130 瑞郎。

上：因特拉肯東火車站。中：哈德昆觀景台的唯一餐廳。下：從山崖延伸出來的哈德昆觀景台，旅客在天色明朗時可看到三大主峰景色，下方是因特拉肯的兩座湖泊。

三大主峰
艾格峰、僧侶峰及少女峰

Harder Kulm
哈德昆

❷ 左右兩邊的幾個山區小鎮

整條鐵道共分三段，需換兩次車

　　山區面積很大，只要用鐵道路線來分析，就能快速掌握整區小鎮及景點分布的脈絡。以少女峰火車站為終極目的地，旅客需要完成三段鐵路，就是需要換兩次車。首先，從因特拉肯東駛出的列車抵達金德利施萬德（ZWEILUTSCHINEN）就會分車，前四節列車會往右邊山區，後四節則走左邊山區。所以在上車時，便要留意月台的指示牌或車廂上的牌子。

左邊山區小鎮

　　左邊山區小鎮包括葛倫德（GRUND）及格林德瓦，後者就是左線上最熱門的小鎮，上一回旅程我們就是住在那裡，因為就位於三大主峰艾格峰底下，就像在策馬特（ZERMATT）可近距離看到馬特洪峰（MATTERHORN）一樣，小鎮的最美景色就是觀賞險要的艾格峰北壁。這次雖然也有介紹格林德瓦，不過最完整的內容，還是請大家閱讀前作。

右邊山區的三大小鎮

　　勞特布龍嫩（LAUTERBRUNNEN）、溫根（WENGEN）及穆倫（MURREN），就是右邊山區的三大小鎮，也是這次我們深入探索的地方。接待過我們的多位當地旅遊局代表均有這個說法，自己也深有同感，如想有完整的住宿體驗，兩邊山區都要入住，於是溫根成為我們這次的住宿據點，來感受與左邊山區不一樣之美。

　　補充一說，穆倫位於往少女峰觀景台的分支路線上，旅客要在勞特布龍嫩換乘其他交通工具才能前往。

左：在 Wilderwil 坐上懷舊齒軌列車，可往徐尼格觀景台（Schynige Platte）。
右：幽靜的無車小鎮穆倫，在遊覽雪朗峰觀景台後，便順道來拜訪。

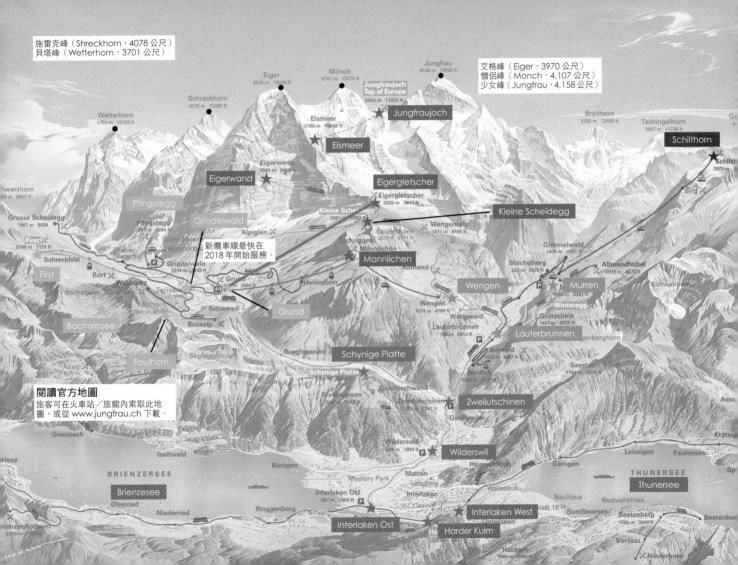

施雷克峰（Shreckhorn，4078 公尺）
貝塔峰（Wetterhorn，3701 公尺）

艾格峰（Eiger，3970 公尺）
僧侶峰（Monch，4,107 公尺）
少女峰（Jungfrau，4,158公尺）

閱讀官方地圖
旅客可在火車站／旅館內索取此地圖，或從 www.jungfrau.ch 下載。

新纜車線最快在
2018 年開始服務。

Shreckhorn
4078 m 13380 ft

Wetterhorn
3701 m 12143 ft

Eiger
3970 m 13026 ft

Mönch
4107 m 13475 ft

Jungfrau
4158 m 13642 ft

Jungfraujoch
Top of Europe
3454 m 11333 ft

Jungfraujoch

Eismeer
3160 m 10368 ft

Eismeer

Schilthorn
Schilthorn
2971

Eigerwand
2865 m 9400 ft

Eigerwand

Eigergletscher
2323 m

Eigergletscher
2320 m 7612 ft

Eigergletscher

Breithorn
3782 m 12409 ft

Tschingelhorn
3557 m 11736 ft

Birg

Pfingstegg
Pfingstegg
1391 m 4564 ft

Grindelwald

Kleine Scheidegg
2061 m 6762 ft

Kleine Scheidegg

Grosse Scheidegg
1961 m 6434 ft

First
2168 m 7113 ft

Schreckfeld

First

Oberer
Gletscher

Marmorbrüch

Bort

Waldspitz

Terrasse

Schwendi

Bussalp

Grindelwald
1034 m 3393 ft

Grund
3094 ft

Grund

Männlichen

Holenstein

Alpiglen

Tschuggen

Leutbrunnen

Männlichen

Allmend

Wengen
1274 m 4180 ft

Wengen

Wengernalp
1873 m 6145 ft

Gimmelwald
1400 m 4593 ft

Stechelberg
922 m 3025 ft

Murren
1634 m 5361 ft

Murren

Allmendhubel
1912 m 6273 ft

Schwalmern

Wengwald

Lauterbrunnen
796 m 2612 ft

Wineregg

Grutschalp
1487 m 4879 ft

Lauterbrunnen

Saxeten
1102 m 3615 ft

Bachalpsee

Faulhorn
2681 m 870

Faulhorn

Säglstalseelen

Schynige Platte

Schynige Platte

Gündlischwand

Breitlauenen

Zweilütschinen
652 m 2142 ft

Zweilutschinen

Gsteigwiler

Wilderswil
584 m 1916 ft

Wilderswil

BRIENZERSEE

Brienzesee

Giessbach

Iseltwald

Bönigen

Interlaken Ost
567 m 1860 ft

Mystery Park

Matten
Tellspiele
Interlaken
Casino

Weissenau

Interlaken West

Harder Kulm

Interlaken Ost

THUNERSEE

Thunersee

Beatenberg
1200 m 3940 ft

Murren
穆倫

Wengen
溫根

C 2

C 3

C 4

正上方是少女峰。

被雲彩擁繞的山峰便是艾格峰。

Grindelwald
格林德瓦

Lauterbrunnen
勞特布龍嫩

各有味道與風采的山谷四小鎮，豈能錯過？

❸在客來雪德搭上最後一段鐵道

三段鐵道帶著大家登上歐洲最高火車站

三段鐵道總共兩個多小時，Interlaken Ost → Grindelwald / Lauterbrunnen 是第一段，旅客在格林德瓦 / 勞特布龍嫩下車，於同一個月台轉車繼續上山，這是第二段。然後，在格林德瓦 / 勞特布龍嫩上車的兩批旅客就在客來雪德（Kleine Scheidegg）相遇，一起轉搭最後一段列車邁向終站。

非常尖峰時段，注意排隊區

左邊山區小鎮包括葛倫德（Grund）及格林德瓦，後者就是早上是客來雪德的非常尖峰時段，月台更設有排隊區以應付蜂湧而至的旅客，在我腦海中不禁有了疑問，哪一個瑞士火車站的月台會有排隊區呢？答案是「找不到，除了這裡」。還要特別留意，列車的車廂也分成兩種，一種給自由行的旅客，另一種是留給團體旅客的包廂，車窗會掛有「RESERVED」牌子。兩種車廂都有各自的排隊區，職員會使用圍欄分隔兩區，千萬不要弄錯，通常團體旅客在領隊指示下較少出錯，但少數自由行的旅客會一不小心走到團體區，結果被職員拒絕，又要花時間繞路，更糟的是有人為節省時間甚至硬闖圍欄直接走回去，狼狽之餘又造成不好的影響，千萬要注意。

適用於早上的特價車票

早上 8 點半進入尖峰時段，最好在這時段前抵達車站，如果不是使用通票，而是購買正常票價的旅客，就要選擇購買 Good Morning Ticket（每年五月初至十月尾），例如客來雪德與少女峰站的來回票原價是 128 瑞郎，特價票為 95 瑞郎，也適用於 Swiss Half Card。適用時段，就是在早上 8 點半前從客來雪德開出的班次，回程則要在下午一點之前。

2018 年開始服務的全新纜車線

少女峰鐵道公司的導遊 Josef Erni，跟我們分享在 2018 年開始服務的全新纜車線，以及如何疏散大批旅客湧入客來雪德站的狀況。新纜車線會從比較少旅客注意的葛倫德開始，連接到艾格冰河站，屆時纜車乘客可以搭乘從客來雪德開出的列車，或是只從那裡開出的特別班次，新交通線會比目前要大幅縮減 47 分鐘。事實上，新纜車線屬於 V-cableway Project 的一部分，整個計畫是包含溫根、格林德瓦及葛倫德等的旅遊及交通新規劃。聽著他這番愉悅期盼，我們也默默記下，第三回少女峰地區之旅應該在這一刻埋下種子了。

少女峰
（Jungfrau）

少女峰觀景台
（Jungfraujoch）

這條路是 33 號步道（Mannlichen →
Kleine Scheidegg）的尾段，是官方推
薦的六大步道之一，十分輕鬆易走，稍
後會有完整的分享。

艾格冰河站
（Eigerglestcher）

客來雪德
（Kleine Scheidegg）

左：綠色牌子指示那邊為自由行排隊區
右：紫紅色牌子則是團體排隊區

客來雪德（Kleine Scheidegg，2061 公尺）
緊靠著世界著名的艾格峰北坡山腳下，是通往少女
峰觀景台的起始站

❹ 少女峰鐵道：百年鐵道奇蹟之旅

　　最後一段才是真正的少女峰鐵道（THE JUNGFRAU RAILWAY），於1912年通車，這絕不是單純坐火車這麼簡單，而是一趟見證百年鐵道奇蹟之旅。

　　從客來雪德（KLEINE SCHEIDEGG） → 艾格冰河站（EIGERGLESTCHER）→ 艾格石壁站（EIGERWAND）→ 冰海站（EISMEER）→ 少女峰站（JUNGFRAUJOCH）這9公里的路程，爬升至1400公尺，有超過7公里都建於山體之內，大家想像一下，就是在一百多年前瑞士人用上長達16年，居住在三千多公尺的雪峰裡，初期以人手敲鑿、炸藥挖掘，到後期加入大型機械鑿穿堅硬的花崗岩，才完成這幅不可能的鐵道藍圖！

**少女峰觀景台
（Jungfraujoch）**

穿過山體內 7 公里之隧道

　　從未坐過或即使坐過此列車的旅客其實很難想像，火車如何到底穿過山體內 7 公里之隧道而抵達目的地，所以本頁結集了我們的照片，加上官方影片：THE TOP SWISS EXCURSION 來說明。

1. 紅色線是列車行走的鐵道，列車剛離開客來雪德。

2 及 3. 經過艾格冰河站，緊接進入山體內的隧道。

4. 這段隧道位艾格峰之內，百餘年前人們就在這裡展開日以繼夜的建造工程。

5 及 6. 列車在艾格石壁站（2865 公尺）停車幾分鐘，乘客可下車走到隧道的展望窗台，隔著玻璃窗欣賞和拍攝外面的谷地景色。

7 及 8. 列車繼續往上爬，到達冰海站（3160 公尺），乘客同樣可下車走到山中觀景台近距離觀賞冰川景色。

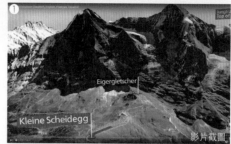

Eismeer

影片截圖

官方照片

Jungfraujoch
Top of Europe

影片截圖

官方照片

Jungfraujoch
Top of Europe

影片截圖

9. 這個兩站建於 1903 及 1905 年，站內展示當時開鑿的歷史照片，第一幅是最早期的車站觀景台，僅以鐵欄杆擋住、風口總是吹著強風，現在已經有強化玻璃保持安全。

10. 這也是珍貴的早期相片，是從外面拍攝到以鐵欄杆擋住的觀景台。現在旅客在艾格冰河站附近，只要仔細觀察亦可找到觀景台位置。

11 及 12. 離開冰海站，等於離開艾格峰山體，列車也進入僧侶峰山體內，最後重見光明，終登上位於少女峰及僧侶峰之間的山凹，這就是歐洲海拔最高的火車站。

　　看完後，不妨在官網或 YOUTUBE 完整地觀賞這影片，就能具體認識這百年鐵道奇蹟，才會明白昂貴車票真的有其道理。

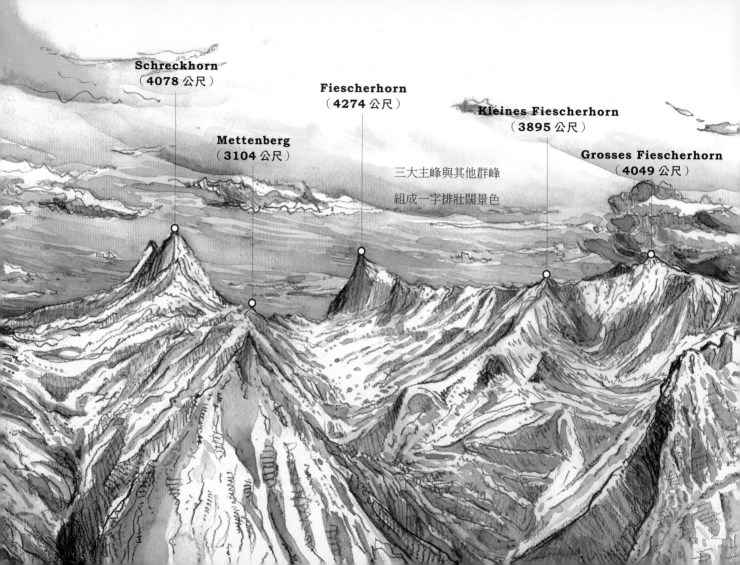

Schreckhorn
（4078 公尺）

Fiescherhorn
（4274 公尺）

Kleines Fiescherhorn
（3895 公尺）

Mettenberg
（3104 公尺）

Grosses Fiescherhorn
（4049 公尺）

三大主峰與其他群峰

組成一字排壯闊景色

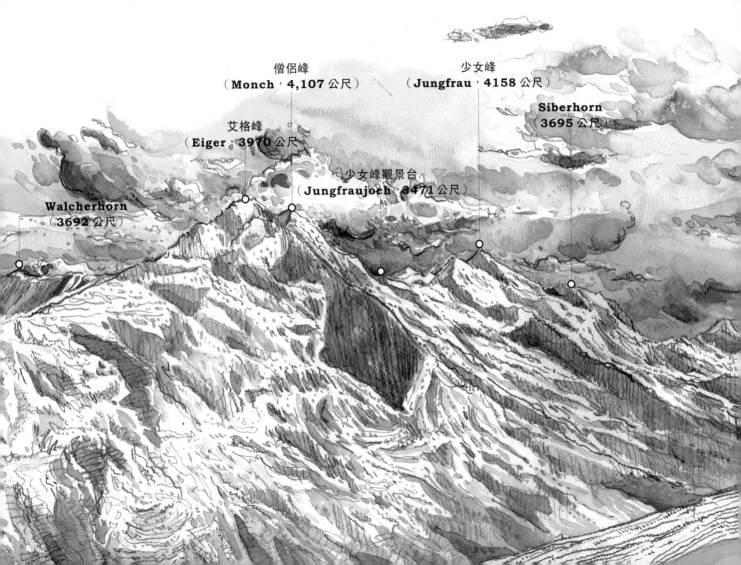

僧侶峰
（Monch，4,107 公尺）

少女峰
（Jungfrau，4158 公尺）

Siberhorn
3695 公尺

艾格峰
（Eiger，3970 公尺）

少女峰觀景台
（Jungfraujoch，3471 公尺）

Walcherhorn
（3692 公尺）

少女峰觀景台的最高點

2 及 3. 旅客在冰雪樂園可玩到各種雪上設施

少女峰觀景台

雪上空中纜繩。

❺ 終能登上少女峰觀景台

　　少女峰（4158公尺），其左方有僧侶峰（4107公尺）與艾格峰（3970公尺），名列三大主峰，歐洲海拔最高的火車站——少女峰站，便是建造於少女峰及僧侶峰之間的山凹。若想一睹三峰連線的氣勢壯闊景色，雪朗峰觀景台便是熱門觀賞區，也會在稍後登場。

呼吸歐洲之巔的空氣

　　少女峰站有冰宮、餐廳、紀念品店等多項設施，處處擠滿人潮，但我們不被這些東西所迷惑，而是再搭乘電梯上到觀景台的最高點，盡情欣賞到整片阿萊奇冰川的迷人景色，呼吸歐洲之巔的空氣，接受高山陽光的洗禮。

　　觀賞完，旅客可坐升降機下到冰雪樂園（SNOW FUN），就是從少女峰站東側的出口來到雪原上。從左頁照片4的角度，可以觀察到整個少女峰觀景台及車站，是蓋在一座小石峰上方和內部。

　　在冰雪樂園中可以進行健行、滑雪、玩雪等戶外活動，如果不怕高山強烈的紫外線，還能在露天餐廳喝飲料賞景呢！在多種雪上設施中，雪上空中纜繩（FLYING FOX）絕對是最刺激好玩，旅客繫上安全裝備，步上至少十層樓高的高台上，一飛而下！

眼前這片冰雪大地讓人心神嚮往，全長20多公里的阿萊奇冰川，放眼遠眺，已有人走在冰川上展開旅程。

少女峰山凹 Jungfraujoch
被譽為「歐洲之巔」的少女峰山凹海拔 3454 公尺，也是歐洲最高火車站，終年冰雪覆蓋，是伯爾尼高地遠足的終極目的地。

世界遺產瑞士阿爾卑斯山：少女峰 - 阿萊奇地區
UNESCO Swiss Alps Jungfrau-Aletsch World Heritage Site

最後精簡地說，在此觀景台雖然可看少女峰及僧侶峰，但最重要、最動人的景色其實是阿萊奇冰川（ALETSCH GLACIER）。此冰川的源頭主要來自少女峰，全長23公里，面積超過120平方公里，是歐洲阿爾卑斯山脈中最長、最大的冰川。

由少女峰開始至阿萊奇冰川以及周邊，以超凡脫俗的美景而聞名以世，就在2001年被列為世界自然遺產，定名為「世界遺產瑞士阿爾卑斯山：少女峰 - 阿萊奇地區」。在2007年，被列入的範圍進一步擴大，還包含阿萊奇冰川東北的幾處冰川：費舍冰川（FIESCHER GLACIER）、阿勒冰川（AARE GLACIER）、比奇峰（BIETSCHHORN）等。

旅客每到一個山區或旅遊區，通常只需索取一份綜合地圖、景點推薦、健行路線及交通班次的資料，就可以遊遍整區；有些地方會分拆為兩份，可是少女峰地區的面積真的太廣，資料太豐富，竟然一拆為三，官方地圖、交通班次以及健行路線都各自獨立，因此，記得全部都要索取。同樣地，三份資料都可以從官方網站下載。

六條推薦的健行路線

健行路線資料的封面寫著「WANDERN」，是德語，不用多說就是健行的意思，適用於每年五月至十月，封面照片中的木屋，屬於六條推薦路線中的 37 號，稱為「JUNGFRAU EIGER WALK」，途中會遇見這間山中小屋，為何放在封面？自然有其特別意思，稍後再說。

部分資料是專為 *Jungfrau Travel Pass* 的旅客而設計

資料適用於全部旅客，不過有些部分則是專為 JUNGFRAU TRAVEL PASS（簡稱 JTP）的旅客而設計，地圖上的「黑色粗線」是整個區域的火車、纜車、郵政巴士及遊船，持 JTP 的旅客可以免費搭乘，所以使用 SWISS TRAVEL PASS（簡稱 STP）的旅客便要留意，因為有些交通需要再付費，甚至只有 75 折，兩張通票的適用範圍，在下篇文章會有詳細說明。

五種健行標準

至於健行路線，一如全國健行的統一標準，將三個從淺易到艱難的級別，用三種顏色標示，分別是黃色（HIKING TRAIL）、紅色（MOUNTAIN TRAIL）及藍色（ALPINE ROUTE）。另外，介於黃與紅色之間的程度，官方增設了「黃白黃色」（ADVENTURE HIKING TRAIL），紅與藍色之間亦增設了「紅白紅色」（ADVENTURE MOUNTAIN TRAIL）。

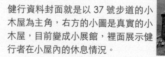

健行資料封面就是以 37 號步道的小木屋為主角，右方的小圖是真實的小木屋，目前變成小展館，裡面展示健行者在小屋內的休息情況。

❶ 37 號步道（Jungfrau Eiger Walk）

❸ 1 號步道（First → Bachalpsee → First）

提供路線坡度的相關資料

總共多達 76 條路線，各有各的精采，官方推薦了六條，並為每條路線提供精簡扼要的介紹（有繁體中文字）、更詳細的地圖、所需時間等，以及在其他地區的健行地圖上較少見的「路線坡度」，路線有多少下行路程？有多少上行路段？或是上行及下行各有一半？還是先上行、後下行呢？這方面的資料真的十分重要。

37 號、33 號、1 號步道適合首次到訪的旅客

六條推薦路線就是 37 號、33 號、1 號、61 號、36 號及 62 號，雖然我們不是專家，也沒有走完全部 76 條，但根據接待過我們的好幾位在地專家的介紹，加上自己實際走了其中幾條，結論是對於第一次到訪的旅客，前三條肯定是大家的首選。

37 號、33 號、1 號我們都順利走完了，三個路線的景色絕美不在話下，雖然只有 1 號是黃色（HIKING TRAIL），但其實三條都十分輕鬆易走，部分路段甚至是走在人工道路上，時間也只要一小時至一小時 40 分鐘不等。接下來會逐一分析六條路線。

官方照片

❶ 37 號步道（Jungfrau Eiger Walk）（1 小時，紅白紅色）

這段是我們在少女峰地區第一條體驗的健行路線，即是 EIGERLETSCHER（2320 公尺） → KLEINE SCHEIDEGG（2061 公尺），在我們的前作中是這樣介紹：當旅客從少女峰觀景台下山，並不代表旅程結束，搭上回程車時，千萬不要急著直接回到客來雪德（KLEINE SCHEIDEGG），而是要在艾格冰河站（EIGERLETSCHER）下車，也就是一旦列車離開隧道就要下車。艾格冰河站共有兩條路線，稱為「JUNGFRAU EIGER WALK」的 37 號步道是其中一條，整段都是寬敞又平坦的下坡山路，絕對是一條大眾化的健行路線，沿途三大名峰都在頭頂上，可近距離地仰望著它們，輕輕鬆鬆的一小時便走到客來雪德站。

剛才提及健行資料封面的小屋，稱為 MITTELLEGIHUTTE，建於 1924 年，原本位於艾格峰（EIGER）東北山脊上，2011 年搬運至此。小木屋目前是高山迷你博物館，旅客可在門口透過玻璃觀望到內部，設有 12 張床位、一個簡易的爐灶及用餐的空間。

這路線的始點為艾格冰河站，我想大部分第一次到訪此區的旅客都是為了登上少女峰觀景台，所以一定不要錯過這條可近距離欣賞三大名峰的步道，如想認識此步道的完整介紹，請參考前作。

左及中：都是拍攝於 1 號步道，記錄了我們在兩回健行中都碰到下雨的情況。
右：找來官方照片，讓大家看看明朗天氣下的美好景色。

❷ 33 號步道（Mannlichen → Kleine Scheidegg）（1 小時 20 分鐘，紅色）

　　第二條步道是全景路線，終站是客來雪德，表面上看似緊接 37 號步道，事實上從 MANNLICHEN 出發才有最佳景致可欣賞，以及全程走下坡路，因為這個方向才能遠望歐洲之巔以及俯瞰山谷間村莊的遼闊全景。先在這裡作簡單預告，大家會在後面閱讀到完整的介紹和多幅景色優美的照片。

❸ 1 號步道（First → Bachalpsee → First）（1 小時 40 分鐘，黃色）

　　上面的兩條步道排在首兩位置，就是因為位置最優越，位於三大名峰之下，第三位的 1 號步道，則在左邊山谷小鎮格林德瓦的後方，需要搭纜車抵達菲斯特（FIRST）觀景台，然後展開健行，全程是超平緩的路段，嬰兒車、腳踏車通通可以上來，比起前面兩條更輕鬆，不到一小時就可抵達巴克普湖（BACHALPSEE），可看群峰倒影在湖泊上的迷人景色。這條步道與這座山中湖，我們真的比較無緣，兩回健行同樣遇上雲霧特多的下雨天氣。不過，雲霧多的天色，亦可展現不一樣的氛圍，亦可留下難忘的回憶片段。

❹ 61 號步道（Panoramaweg Schynige Platte）（2 小時 30 分鐘，紅色）

　　這是一條環狀步道，旅客需要在 WILDERSWIL 站轉乘懷舊齒軌火車上山，徐尼格觀景台（SCHYNIGE PLATTE）火車站旁邊的山頭，是一片面積寬廣的阿爾卑斯山植物花園（BOTANICAL ALPINE GARDEN），種植了 5 百多種不同的瑞士高山植物。從那裡出發沿途可遠眺到格林德瓦山谷景色，走至 LOUCHERHORN 繞回去，可欣賞到山谷下的因特拉肯（INTERNAKEN）及布里恩茨湖（BRIENZESEE）。

　　　　　　　小圖收錄在健行資料裡，屬於其中三條推薦路線，比較時間及坡度，一看便知道 37 號及 33 號步道比較輕鬆，至於 62 號步道，約有三分二是一直走上行坡，坡度最高點便是最古老歐洲山間旅館所在地。

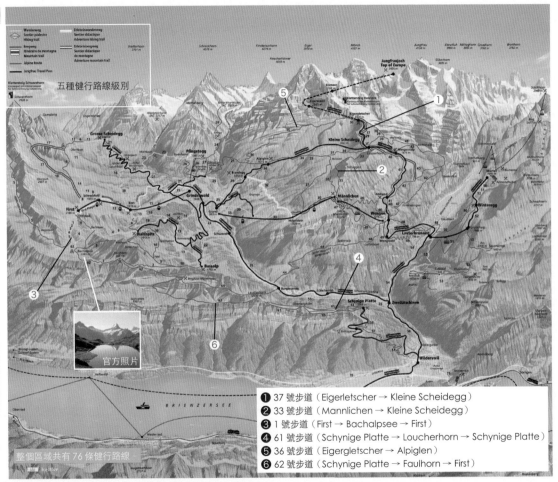

五種健行路線級別

官方照片

整個區域共有 76 條健行路線

❶ 37 號步道（Eigerletscher → Kleine Scheidegg）
❷ 33 號步道（Mannlichen → Kleine Scheidegg）
❸ 1 號步道（First → Bachalpsee → First）
❹ 61 號步道（Schynige Platte → Loucherhorn → Schynige Platte）
❺ 36 號步道（Eigergletscher → Alpiglen）
❻ 62 號步道（Schynige Platte → Faulhorn → First）

❺ 36 號步道（*Eigergletscher → Alpiglen，Eiger Trail*）（*2 小時 50 分鐘，紅色*）

在介紹 37 號時，提及 EIGERGLETSCHER 有兩條步道，另一條就是 36 號，即是 EIGERGLETSCHER → ALPIGLEN，約需 3 小時，官方資料的介紹如下：冒險刺激的山路位於雄偉的艾格峰北壁下，適合有豐富經驗以及良好裝備的徒步者。前作介紹過這個步道，寫完後很想真的走一趟，結果這次如願以償，後文會有完整的分享。

❻ 62 號步道（*Schynige Platte → Faulhorn → First*）（*6 小時 10 分鐘，以紅色為主，部分為黃色*）

六條推薦路線的難度逐漸提升，來到最後的 62 號，曾被國家地理雜誌列為世界級經典步道，全程 6 小時以上，從徐尼格觀景台（SCHYNIGE PLATTE）走至 LOUCHERHORN，是 61 號步道前半段，然後繼續前行上行至福爾山（FAULHORN），在這山頂上矗立著歐洲古老的山中旅館，百多年來還保持原貌，我們就在那留下相當難忘的住宿體驗。第二天早上回程時走經巴克普湖（BACHALPSEE），最後抵達菲斯特（FIRST），會與 1 號步道重疊。

猶記得第一次行走 1 號步道時，那一天持續地下著雨，我們穿著雨衣走到巴克普湖，在濃厚雲霧之間隱約見到還有一段長長的上坡路，因為這個小小契機，事情漸漸開始發酵，及後在寫作時要搜集大量資料，繼而讓我們邂逅到這座歐洲古老的山中旅館，不熟悉的遠方山中百年旅館一直誘惑著我們，不知該如何才能表達在出發之前感受到的熱切期盼與愉快心情。

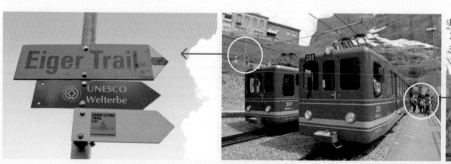

Eigergletscher 的兩條步道，往左走是 37 號步道，為輕鬆易走的一小時散步，往右走是 36 號步道，是充滿刺激感的三小時健行。

❺ 36 號步道（Eiger Trail）

艾格峰北壁

哪一張通票最省錢？永遠沒有固定答案：
Swiss Travel Pass、Jungfrau Travel Pass 及 Good Morning Ticket 的適用範圍

　　對於要使用 SWISS TRAVEL PASS（簡稱 STP）、還是 JUNGFRAU TRAVEL PASS（簡稱 JTP），許多人都感到很苦惱，每種票券都有優缺點，因此並沒有哪張通票可以節省最多的確切答案。以下列出 JTP 的常見注意事項，請仔細閱讀後，最後規劃好行程，算一算車資，比較一下，應該就可以知道要使用哪一張通票了。

1. 如果不使用 STP 及 JTP，那就要認識 Good Morning Ticket（簡稱 GMT），這是專為「只登上少女峰觀景台」的省錢好方法，並且可搭配使用半價卡！

- 在 INTERLAKEN OST/WILDERSWIL/ZWEILUTSCHINEN/MURREN 上車的話，GMT 大人為 145 瑞郎；再搭配使用半價卡，價錢為 95 瑞郎。

- 在 GRINDELWALD/GRUND/LAUTERBRUNNEN/WENGEN 上車，GMT 大人為 135 瑞郎；再搭配使用半價卡，價錢為 85 瑞郎。

- 在 KLEINE SCHEIDEGG 上車，GMT 大人為 95 瑞郎；再搭配使用半價卡，價錢為 60 瑞郎。

　　GMT 的限制是要在早上八點半前上車，以上各站在八點半前均有兩班，而在 KLEINESCHEIDEGG 搭乘的班次則有 8：00 及 8：30。回程時一定要在下午一點以前。其實，八點半至下午一點這四小時多的空檔，對於大部分旅客來說，必看、必玩、必買、必做的時間已經很充裕了。

2. 優惠價的 JTP：可用 SWISS TRAVEL PASS、SWISS TRAVEL PASS FLEX 及 SWISS HALF-FARE CARD 購買優惠價的 JTP，約七五折。

3 天 JTP：180 瑞郎（優惠價 135 瑞郎）
4 天 JTP：205 瑞郎（優惠價 155 瑞郎）
5 天 JTP：230 瑞郎（優惠價 175 瑞郎）
6 天 JTP：255 瑞郎（優惠價 190 瑞郎）

左：Interlaken Ost - Grindelwald 的列車
右：Grindelwald - Kleine Scheidegg 的列車

格林德瓦站月台

在勞特布龍嫩搭乘前往 Stechelberg 的郵政巴士。

3.JTP 的免費範圍：請參考上篇文章的官方地圖，見黑色粗線的地方。

火車方面：
- INTERLAKEN OST － LAUTERBRUNNEN/ GRINDELWALD（STP 可享免費）
- WILDERSWIL － SCHYNIGE PLATTE（STP 可享免費）
- LAUTERBRUNNEN － KLEINE SCHEIDEGG - GRINDELWALD（STP 只享 75 折）
- KLEINE SCHEIDEGG - EIGERGLETSCHER（STP 只享 75 折）

纜車方面：
- LAUTERBRUNNEN － GRUTSCHALP － MURREN（STP 可享免費）
- INTERLAKEN － HARDER KULM（STP 享有半價）
- GRINDELWALD － FIRST（STP 享有半價）
- GRINDELWALD － MANNLICHEN（STP 享有半價）
- WENGEN － MÄNNLI CHE（STP 享有半價）

格林德瓦的巴士：
- GRINDELWALD － GROSSE SCHEIDEGG（STP 沒有折扣）
- GRINDELWALD － BUSSALP（STP 沒有折扣）
- GRINDELWALD － WALDSPITZ（STP 沒有折扣）

遊船方面：只適用 JTP5 及 6 天（STP 可享免費）

4.JTP 的折扣範圍：不包含 EIGERGLETSCHER 站 → 少女峰站（JUNGFRAUJOCH），可享折扣以 61 瑞郎購買來回票（原價為 128 瑞郎）。

5. JTP 的折扣範圍：從 STECHELBERG 搭纜車到雪朗峰觀景台，JTP 只享七五折，STP 和半價卡可享四到五折的優惠。

6. 格林德瓦的巴士：一般使用 STP 的旅客，會以為幾條格林德瓦的巴士線都是免費，其實 STP 並不適用。在勞特布龍嫩（LAUTERBRUNNEN），坐上往 STECHELBERG 的郵政巴士，卻可以使用 STP，但 JTP 又不適用。STECHELBERG 是可以搭纜車到雪朗峰觀景台。

7. 持有瑞士半價卡：整區全部交通都可半價購買，因此沒有需要使用 JTP。

8. 主要是健行的話：由於大多都只會買去程的車票，靠雙腳下山，JTP 發揮作用的機會也不多。

溫根

Part ❶ 可隨時看到少女峰的靜謐小鎮

上回旅程我們住在左邊山谷的格林德瓦（GRINDELWALD），在鎮上看不到少女峰，只可觀賞到艾格峰，而且天天從早到晚都看得到，因此關於少女峰的回憶片段，反而不及艾格峰來得更多。

這趟轉移到另一邊山谷居住幾天，感受不一樣的氛圍。右邊山谷有三座小鎮，在勞特布龍嫩（LAUTERBRUNNEN）換上第兩段鐵道後，約 15 分鐘，旅客就能抵達山谷上的四百公尺處，那裡就是溫根（1274 公尺）。

少女峰向旅客們展現微笑

充滿阿爾卑斯風情的小鎮，實際上座落在少女峰腳下較遠的一處山坡上，也因為朝向西南，此鎮能夠享受充足溫暖的陽光。列車停下來，我們拉著行李下車，回頭望向天際一角，就發現少女峰對著剛抵達的每一位旅客們，展現出歡迎的微笑。

推薦的原因

在溫根住了幾天，很喜歡這小村的靜謐，常住村民也只有一千多人，充滿懷舊氣息的木屋與大大小小的旅館零星散落在山坡各處，與格林德瓦的熱鬧人多完全不同，如果想找一處可欣賞到名峰的寧靜環境住幾天，又或是行程以右邊山區為主的話，我會推薦這裡。

往在小鎮入口處的四星旅館

溫根火車站旁邊的 HOTEL SILBERHORN，是我們這次的選擇。它屬於四星級，下車不到一分鐘就可走進旅館內，應該是這裡最接近火車站的旅館吧。

左：溫根火車站。
中：位於火車站旁的 Hotel Silberhorn。
右：Hotel Silberhorn 正門旁邊的 Coop 超市。

少女峰（**Jungfrau**）

從溫根出發，旅客可一路攀升，輕鬆抵達客來雪德、少女峰觀景台。溫根和客來雪德之間的有多條經典觀景路線，途中可以欣賞到艾格峰、僧侶峰和少女峰形態各異的壯麗美景。

少女峰（Jungfrau）

面向少女峰的雙人房

　　旅館提供單人、雙人、三人及家庭房，雙人房又分為兩種，同樣是 27 平方公尺，差異在有或沒陽台。我們入住有陽台的雙人房（右圖），面向少女峰及火車站（上圖），這樣我們就可以在早上起床或日落時舒適地觀賞不同面貌的少女峰風采。有陽台可看少女峰的雙人房的價錢為 322 瑞郎，另一種為 288 瑞郎。

　　小鎮處處散發著古樸傳統的氣息，並禁止汽車行駛，只有一條主街，也是旅遊街，全部的餐廳、商店、紀念品店、旅客中心以及往曼麗申（MANNLICHEN）的纜車站都在那裡。至於 COOP 超市，就在村入口處，其實就在我們的旅館正門旁邊，很方便的位置，每天回旅館前我們一定會光顧。這間 COOP 超市同樣在周日休息，不過主街上還有一間小小的便利店，周日也營業，並有販售泡麵。

溫根與客來雪德之間的規劃

　　從溫根火車站駛離的火車，一直往上走，就會來到客來雪德（KLEINE SCHEIDEGG），而沿著客來雪德與溫根之間的這段鐵道及其周邊，便有幾條步道。許多人遊覽完少女峰觀景台後，就會在艾格冰河站（EIGERLETSCHER）下車，先走 37 號步道（官方的六大推薦步道之一），抵達客來雪德，一鼓作氣繼續再走 41 號步道（KLEINE SCHEIDEGG - WENGERNALP - WENGEN），約 2 小時 45 分走回到溫根。

從曼麗申出發的經典全景步行路線

　　另一個由溫根出發的推薦路線，就是剛才提及位於小鎮內的往曼麗申（MANNLICHEN）纜車站，從曼麗申可一直走到格林德瓦的經典全景步行路線，只需 1 小時 20 分鐘，全程為下行寬闊道路，完全沒有難度，一路上可以欣賞到艾格峰、僧侶峰與少女峰等群峰的超廣闊景致，令人心懷神怡，這段風景如此宜人的步道便是六大推薦步道的 33 號。

五小時的環迴路線

　　一連簡單地介紹 33 號及 41 號步道，細心一想，兩步道的交匯點不就是在客來雪德？事實上不少旅客喜歡把這兩條輕鬆的步道連結，安排在一天內走完，如此一來便形成了一條景色豐富、接近 5 小時的環迴路線！

凝視著無垠的遠方，只見月亮慢慢移至少女峰之上，
一幅不可思議的迷人畫面正在上演中。

溫根　　*Part ❷*｜從曼麗申展開一級棒全景的 47 號與 33 號步道

上文末段介紹了「WENGEN - MANNLICHEN - KLEINE SCHEIDEGG - WENGEN」的環迴健行路線，本文就是實踐篇。

曼麗申擁有四通八達的健行步道及登山網路

首先要介紹標高 2230 公尺的曼麗申（MANNLICHEN），查看官方地圖，可見到這山頭幾乎在正中央，很容易找到。實際上，曼麗申位於少女峰南方，是阿爾卑斯山主脊附近的一個山頭，左邊山區的葛倫德（GRUND），以及右邊山區的溫根均有纜車和步道連結互通，然後再往上行，可走到少女峰鐵道的首站客來雪德（KLEINE SCHEIDEGG），這段就是 33 號步道（MANNLICHEN → KLEINE SCHEIDEGG），由此可見，這山頭擁有四通八達的健行步道及交通網路。

小鎮上欣賞到特別壯觀的少女峰

這天與我們同行是溫根旅遊局的 ROLF WEGMULLER，溫根旅遊中心和往曼麗申的纜車站是相鄰的，就在小鎮入口處附近，很容易找到，大家相約在纜車站門口。上車前一刻，ROLF 指著少女峰笑著說：「在纜車站這個位置觀賞到的少女峰，是不是看起來特別大？再配上前面的小山丘和一排排房子，很有層次，這畫面我一定會介紹給第一次到訪的旅客！」我倆看著這幅豐富層次的少女峰風情畫，大讚不已，幸好有在地人指點而沒有錯過。

下車即可左擁右抱阿爾卑斯群峰

在溫根搭乘的纜車可載數十人，每小時有三班開出，而在葛倫德開出的則是四至六人的小型纜車，這條纜車線據說是全世界第三長，有多長？約六公里那麼長。抵達山上，兩邊纜車站各自獨立，互相對望著。在纜車站前，旅客便可以正面觀賞到少女峰等群峰的全景，而稱為 BERGHAUS MANNLICHEN 的旅館則與葛倫德纜車站連結，旁邊還設有一些兒童遊樂設施。

上：前方是溫根旅客中心，後方是曼麗申纜車站，就在這邊可看到如右頁畫般的巨大少女峰。

下：往曼麗申的大型纜車，每小時的 10 分、30 分及 50 分各開出一班。

Jungfrau
少女峰

艾格峰
（**Eiger**，3970 公尺）

僧侶峰
（**Monch**，4,107 公尺）

少女峰觀景台
（**Jungfraujoch**，3471 公尺）

曼麗申 Männlichen
這山頭標高 2230 公尺，擁有四通八達的健行步道及交通網路，左右兩邊可搭纜車前往德與溫根，往前一直走就是 33 號步道，絕對是整個山區的人氣步道之一，跳過尖尖的山頭可走到客來雪德，主要賣點是可以最近距離觀賞三大名峰，壯觀極了！

少女峰
（Jungfrau，4158 公尺）

步出纜車站，老中青、甚至推著嬰兒車的父母不是馬上往客來雪德走，而是朝向反方向上行，為的就是要登上此山頭的最高點，去看一級棒全景！

走 47 號步道登上這山頭的最高點

在開始走 33 號步道之前，其實要先走的是 47 號步道，因為纜車站的位置並不是這山頭的最高點，稱為 MANNLICHEN GIPFEL 的地方才是最高點，從纜車站延伸出去一邊是 33 號步道，在其反方向則有這段上坡路，就是 47 號步道（MANNLICHEN - MANNLICHEN GIPFEL - MANNLICHEN），來回走一趟不會超過一小時。同樣地，這條也屬於輕鬆易走的級別，沿途有不少爸媽還推著嬰兒車往最高點走，連嬰兒車都推上來了，可見 33 號和 47 號步道真的沒什麼難度。

稱為 *Royal walk* 的 47 號步道，沿途有展示牌

這條 47 號步道又稱為 ROYAL WALK，沿途設有七個介紹此山區的歷史、特色等的展示牌，讓人邊走邊長知識，分別是 THE KING'S GATE、THE LEGACY、THE TREASURY、ROYAL TIES、THE COURT PAINTER、THE SECRET SOVEREIGN 和 THE ROYAL COURT。

THE TREASURY 展示牌介紹多座主峰含有的岩石種類比較，僧侶峰和少女峰主要由片麻岩（GNEISS）組成、艾格峰北壁佈滿石灰岩（LIMESTONE），而曼麗申與客來雪德則是片岩（SCHIST）。此外，ROYAL TIES 展示牌則是介紹攀登者的 8 字結（FIGURE EIGHT）、雙套結（CLOVE HITCH）和普魯士結（PRUSIK KNOT）三種不用繩結的作用和特點。這步道周邊也是牧牛的範圍，所以除了展示牌外，沿途還有一頭又一頭牛隻像旅遊大使般歡迎著大家。

左：纜車站前的步道指示牌，一邊指向客來雪德，另一邊是 Mannlichen Gipfel。中：我們逐一細閱步道上的資料牌。右：山上的熱情旅遊大使在招待每一位登山者。

左邊山區與格林德瓦

三大主峰
（正巧有一大片雲飄過）

右邊山區及三個小鎮

33 號步道

纜車站

47 號步道

目不暇給的 360 度遼闊全景

　　步道盡頭也是此山頭的最高點，有一座裝置成皇冠外觀的小小圓形觀景台，稱為 ROYAL VIEW。原本以為正面的群峰全景就足以令人期待，沒想到一站在圓形觀景台，還要不斷轉移去欣賞這目不暇給的 360 度遼闊全景！

　　順帶一提，在網路上看過旅客的分享，無論是坐纜車上來或從客來雪德走過來，很容易就錯過這 47 號步道。果然登上這山頭，非要走來這皇冠觀景台不可，因為纜車站那邊，是根本看不到這 360 度全景的。

360 度的壯闊景色分為四部分

　　360 度的壯闊全景，大致分為四部分，每一部分畫面都精彩萬分。第一部分當然是正前方，就是三大主峰以及兩旁十多座高山結集成的連綿群峰全景，人人驚歎不已。

　　由於這一大片全景裡矗立了十多座山峰，旅遊局為了方便旅客觀賞，於是設計並特製一份長長的宣傳 DM 來介紹群峰，巧妙的是把這 DM 圈起來，瞬間成為一頂皇冠，旅客紛紛在這皇冠觀景台上，戴上皇冠，與群峰拍照留念。

茵特拉肯

徐尼格觀景台

上：快速地把這群峰宣傳 DM 圈起來，瞬間變成一頂皇冠，人人都成為國王與王后，在群峰前拍照。
右：DM 的群峰照片，與眼前看到的角度和方向一樣，方便旅客逐一尋找。

福爾山　　　　　　　菲斯特　　　　　　左邊山區與
格林德瓦

**一連觀察到接下來幾天要去的重要地點，
讓我倆既興奮期待又帶點戰戰競競心情！**

　　在曼麗皇景觀點，讓我們一連觀察到接下來幾天要去的重要地點，首先我特別留意艾格峰，這裡能把整片艾格峰北壁一覽無餘，因為隔天我們就會行走擁有 EIGER TRAIL 這個外號的 36 號步道（EIGERGLETSCHER → ALPIGLEN）。在還未真正踏上那步道前，此刻只見到大部分路段都走在險要的北壁之下，看著那麼陡斜的山壁，心裡難免感到戰戰競競。

　　第二部分是俯瞰右邊山谷及座落不同的高度的三個小鎮，以及躲在遠端一角的雪朗峰（SCHILTHORN）。我們已計劃

在勞特布龍嫩進行飛行傘活動，想像著在山谷裡飛行的暢快畫面，心情又恢復興奮與期待。

　　第三部分自然是左邊山區以及曾經住過的格林德瓦，還隱約遠眺到菲斯特（FIRST）及福爾山（FAULHORN）。當旅客背向少女峰就可看到第四部分景色，那就是徐尼格觀景台（SCHYNIGE PLATTE），甚至更遠至山下的因特拉肯（INTERLAKEN），我依據地圖找出六大推薦路線中最長的 62 號步道（SCHYNIGE PLATTE → FAULHORN → FIRST）該如何行走，這是後天我們要走的部分路段。就這樣，幾近少女峰地區的全部觀景區都可以一一盡收眼底。

艾格峰北壁

僧侶峰

少女峰觀景台

少女峰

艾格冰河站

36 號步道

33 號步道

右邊整個山谷的地形及三個小鎮都一目瞭然，想像著在這山谷中高飛的情景，不禁興奮起來！

人氣超高的 33 號步道

　　這 33 號步道果然人氣超高，已見到不少人在路上，儘管都是石子路，但相當平坦好走，阿爾卑斯山夏日野花蔓蔓，一路走來心神舒坦。旅客走過 BERGHAUS MANNLICHEN，再往左方山腰之路，會繞過兩座山，第一座山外形尖尖的，稱作 TSCHUGGEN（2521 公尺），第二座為勞伯峰（LAUBERHORN，2472 公尺），可一邊走一邊從高處俯瞰低地的格林德瓦，以及兩邊群山，當然又是另一番好景色。

從曼麗申出發，最輕鬆又可邊走邊正面欣賞遼闊全景

　　一般人常有誤會，以為從曼麗申走到客來雪德是上坡路，其實相反，曼麗申是 2230 公尺，而客來雪德只有 2061 公尺，所以行走這條路很輕鬆，又可邊走邊正面欣賞遼闊全景，就是從曼麗申出發，而不是客來雪德。

　　實際上，不少人從少女峰觀景台下山後，會先在艾格冰河站下車，從那裡開始走 37 號步道便是下坡路，然後在客來雪德繼續走 33 號步道，就會轉為上坡路，而且無法正面觀賞群峰全景，還得時時停下來回頭才可看到，因此我推薦從曼麗申開始走。

完全沒有難度的 33 號步道，中途還有多張長椅，即使不累也不妨小休一下，放慢步調，靜靜感受慢步高山的美好時光。

1. 往葛倫德的小型纜車，此纜車線全長 6 公里，是全世界第三最長。
2.3. 我們沿路折返到纜車站，便開始行走 33 號步道，全程都是平緩石子路，沿途有不少旅客。
4.5. 纜車站旁的 Berghaus Mannlichen 及兒童玩樂設施。
6.33 步道的主要景色是左邊山區及格林德瓦，我們在前作中有一幅格林德瓦的畫，馬上打開書中畫作與眼前的格林德瓦合照。
7. 高山鮮花處處可見，令沿途倍添樂趣。

客來雪德車站

仔細一看，仿如倒轉的心形湖泊。

美得極不真實

　　繞過 TSCHUGGEN 和勞伯峰兩座山，便可走緩緩的下坡路，快將接近客來雪德車站時，會看到兩個小小的湖泊。第一個小湖由外而內，都是清純的碧綠顏色，相當迷人，像是孔雀羽毛般的艷麗，再往下走一點，往回看第二個湖時，發現它的形狀竟然是個心形，真正讓我看得入神的是，當下那一刻正好遇上對的時機、對的天氣，還有對的角度，少女峰剛好完整又清晰地倒映在小湖上，顏色、構圖等一切都是完美配搭，美得極不真實！

　　客來雪德真是熱門車站，車站本身和這山坡上都有多間餐廳及旅館，擁抱著三大主峰的無敵景色，途經好幾次，在這裡用餐卻是第一次，ROLF 笑說隨我們挑一間，我想也不用特別地挑選，看起來每一間都很受歡迎，我們憑感覺挑了主要面向艾格峰北壁的 RESTAURANT CHALET，坐下來享用午餐。

左：從山坡慢步下來，遇見兩個小湖，此碧綠湖泊為第一個。中：這裡有多間面向雪峰的餐廳，任何一間都有好角度，午餐時段，特別多人。右：此地也是欣賞艾格峰北壁的好地方，因此官方設有介紹攀爬北壁的路線圖，方便遊客對照。

這一大片長長的寬闊草坪，到了冬天積雪後，便成為玩雪和滑雪的好地方；夏天則是 39 號步道的起點

起初，我們是走在平緩廣闊的草坪上，然後轉入樹木裡，並遇上冰川融水形成的小溪。

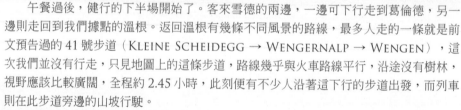

　　午餐過後，健行的下半場開始了。客來雪德的兩邊，一邊可下行走到葛倫德，另一邊則走回到我們據點的溫根。返回溫根有幾條不同風景的路線，最多人走的一條就是前文預告過的 41 號步道（KLEINE SCHEIDEGG → WENGERNALP → WENGEN），這次我們並沒有行走，只見地圖上的這條步道，路線幾乎與火車路線平行，沿途沒有樹林，視野應該比較廣闊，全程約 2.45 小時，此刻便有不少人沿著這下行的步道出發，而列車則在此步道旁邊的山坡行駛。

不走大路，走不一樣的路線

　　至於我們三人不走大路，而是走不一樣的路線，特點是所走的路段比較多樣化，難度也不會一下子提升太多，基本上都是緩緩下行。這 39 號步道同樣從客來雪德展開，但卻是從一道又長又寬闊的草坪上小路開始，初段還可遠望到走在 41 號步道的旅客及行駛中的列車，再接上 43 號步道後，便走進山谷裡樹林之間，便再也看不到了。

與火車路線平行而走的 41 號步道。

冰川融水果然特別冰涼，但一點都不刺骨，真是人生一大快事！

冰川融水裡泡腳

　　樹木之路可算是第二段，一路上僧侶峰都在頭頂上，彷彿遙遙在觀望著我們的前行。經過雪峰的冰川融水匯聚成的小溪時，ROLF 看著千姿百態的冰川小溪，突如其來地驚喜建議：「你們試過用冰川融水來泡腳嗎？」

　　說罷，他在我們面前開始脫鞋。雖然沒有特別累，但這真是無法抗拒的誘惑，我們二話不說立即加入泡腳的行列。就這樣，我們就在連綿山巒下，舒適地坐在水邊石塊上泡泡腳，就讓融水完完全全擁抱我們的雙腳吧。

遠望雪峰，還看到冰川融水從高處源源不絕往下流，我猜想著那融水就是流到我們身處的小溪

豐富的環迴路線完成，滿載而歸！

離開小溪，便一直走在山腰的平坦之路，談笑之間，天空忽然下雨，還越下越大。看著灰沉沉的天空，直覺這場雨不會一時三刻就停止。因此我們不得不加快腳步，快步走在濕滑的碎石路上，抓力強的登山鞋便發揮了作用。

小型貨車載我們回去

突然前方出現沒有載貨物的小型運輸車，ROLF 的目光可真銳利，一看便大聲跟司機打招呼，車子馬上停下來。他們無疑是相識的，談了幾句，笑了幾聲，ROLF 便回頭說：「可以上車啊，我們一起站在車子的後面吧！」

依據路上的指示牌，還有至少 45 分鐘，結果這趟出其不意的順風車，只花了十分鐘便行駛到小鎮外圍，沿途遇上其他旅客，看到我們站在貨車後搭順風車，臉上的神情和目光仿似說著他們也很想加入。最後，我們就這樣輕鬆地提早回到溫根，這天的環迴路線真豐富，從溫根出發到客來雪德，再由客來雪德回到溫根，滿載而歸！

1. 最後一小時的路程上，開始持續下雨。
2. 今天真是驚喜連連，我們坐順風車回去吧！
3. 站在小貨車後面，看到不一樣角度的景色，沿途的旅客應該也很想加入吧。
4. 下車後，謝謝司機，最後我們再走數分鐘便回到旅程的起點。

這一帶的木椅上面均有名牌，Rolf 解說木椅都是由一些慈善人士出錢添置，捐款大約幾百瑞郎。

在阿爾卑斯山區健行時，常看到許多人在玩雙人飛行傘（TANDEM PARAGLIDING），每次我都會一邊抬頭望著一邊想著，第一次玩雙人飛行傘時，一定要選擇在瑞士高山之上，因此，在瑞士玩飛行傘的念頭，便一直留在腦海中。

於是，規劃行程時就會考慮在哪裡玩好呢？住在格林德瓦（GRINDELWALD）時，在小鎮上散步也會看到色彩繽紛的飛行傘在空中飛舞，而小鎮後方可搭纜車抵達的菲特斯（FIRST），那處山坡就是少女峰地區其中一個熱門飛行傘地點。由於我們在此區停留較多天，順理成章決定在此山區高飛！

在半空中欣賞瑞士第二最高的瀑布

右邊山谷小鎮勞特布龍嫩，座落在阿爾卑斯山脈一條廣闊又壯觀的貫通谷地中，這裡稱為勞特布龍嫩山谷（LAUTERBRUNNEN VALLEY），兩側是巨大的岩石和山峰。最大特色就是在左右兩邊高聳的山壁有瀑布多達72處，其中一道稱為施陶河瀑布（STAUBBACH FALLS），我們飛行之旅就是在半空中欣賞這瑞士第二高的瀑布。知名瀑布豈止一道，特呂默爾河瀑布（TRUMMELBACH FALLS），是世界上唯一的冰川瀑布，絕對需要用雙腳深入山體內部、在岩層之間一探究竟，詳情可見下篇的內容。

勞特布龍嫩火車站

勞特布龍嫩站可搭乘郵政巴士前往此谷地的多個景點。

雙人飛行傘的廣告招牌，隨處可見。

施陶河瀑布 Staubbach Falls

勞特布龍嫩（LAUTERBRUNNEN）為著名的瀑布小鎮，LAUTER 為「LOUDER（聲音很大）」、BRUNNEN 為「FOUNTAIN（泉水）」的意思，全鎮有 72 條瀑布，其中規模最大，同時也是瑞士第二高的瀑布就是施陶河瀑布，可說是此鎮具代表性的地標。

在小鎮火車站後的絕壁上方，可看到此瀑布劃出一條直線般垂直落下，甚是壯觀。

勞特布龍嫩山谷
Lauterbrunnen Valley

　　山谷早期由冰河切割出的 U 字型峽谷，全長約八公里，是阿爾卑斯山鏈中最深的一道，平均寬度亦達到一公里。到處都是極度陡峭的石灰岩懸崖，搭配遠方皚皚白雪的阿爾卑斯山連峰，因而造就此地擁有不同於其他瑞士谷地的獨特景色。

❶雙人飛行傘準備篇

飛行時間與費用

　　進入正題，雙人飛行傘指的就是由一位飛行員帶著一起玩的飛行傘，少女峰地區很多地方可以參加這個活動，一般在旅客中心、旅館都可以找到相關宣傳資料，我們訂的是 PARAGLIDING JUNGFRAU 這家公司，還提供另一家 AIRTIME-PARAGLIDING 給大家參考，兩者的收費很接近，從與飛行員會合到解散約90分鐘，飛行時間通常分為15或20分鐘，價錢為170、180瑞郎。

錄影和拍照費用

　　要注意的是，飛行時飛行員會提醒你不要自己拍照，雖然不是禁止，我覺得除了安全起見之外，還是專心一意投入和享受這趟特別飛行之旅，才最重要！當然飛行過程中，飛行員會用自拍神器錄影和拍照，最後再自行決定是否要另外付費購買儲存了影片和照片的記憶卡，PARAGLIDING JUNGFRAU 的收費是40瑞郎，以上兩家的網頁並沒有明列這項收費，因此大家要有心理準備整個費用應該是170、180 + 40瑞郎，我建議在預約時，可以主動詢問這項收費，清楚全部費用後再決定，就能玩得開心！

越早預約越方便自己規劃其他行程

　　飛行傘活動從早上到下午都有，旅客需要先以 EMAIL 查詢及預約，可在信中說明想在早上或下午進行活動，總而言之越早預約越能約到自己期望的時間。如果抵達當地才決定的話，也可在旅遊中心、纜車站、體育用品店等預約，或是請旅館員工幫忙介紹和預約。能否順利飛行當然就關乎天氣，如果因天氣不好而取消，飛行公司會在前一天下午通知。

位於山崖上的菲特斯觀景台，旁邊有一處平緩草坪，就是飛行傘起飛點。

Schilthornbahn
纜車站

少女峰地區的飛行傘熱點

雙人飛行傘活動，夏天和冬天也可以進行，並會有各自不同的飛行路線。綜合這兩間飛行傘公司的夏天起飛地點，包括 A. 格林德瓦（GRINDELWALD）的菲特斯（FIRST，2120 公尺）、B. 勞特布龍嫩（LAUTERBRUNNEN）的葛魯奇阿爾普（GRUTSCHALP，1520 公尺）、C. 牧輪（MURREN）的 WURMEGG（1700 公尺，就在 SCHILTHORNBAHN 纜車站附近的山坡）等，三個飛行點都需要搭乘登山交通工具才能到達。

每個飛行點的景色各有不同，菲特斯的飛行景色較為開闊，可以欣賞格林德瓦的村景以及艾格峰的壯麗，另外 B 和 C 是同一區，屬於勞特布龍嫩谷的右邊山坡上方，以觀賞瀑布與陡峭的山壁為主，前者主要在空中欣賞施陶河瀑布，後者則看牧輪瀑布。建議先看飛行傘公司網站的影片，參考後才決定。我們由於比較熟悉菲特斯一帶的景色，因此選了新鮮度高的施陶河瀑布。

❷ 雙人飛行傘紀錄篇

飛行前幾天，我們一直留意天氣預報，看起來應該問題不大，直至前一天也沒有收到取消通知。那天，我們帶著夾雜一點緊張的期待心情，準時在 8 點 20 分抵達集合點，就在勞特布龍嫩火車站旁邊往葛魯奇阿爾普（GRUTSCHALP）的纜車站門口。飛行員相當容易辨識，他們穿著深紅色外套，身旁會有一個好大好重的包包，裡面全是飛行傘和其他裝備。

參加者除了我們，還有一對情侶，大家都是首次參加，於是四位飛行員與四位參加者一起出發，注意這段交通費用並不包含在活動費用內。

巨大裝備有多重？

從外觀猜測，四位飛行員的資歷各有不同，有一位應該特別資深，我心想如果能配對到這位飛行員伯伯就好了。期間，其中一位飛行員跟我們聊天，我好奇地問那個巨大裝備有多重？他們在一天裡可以帶多少位旅客玩飛行傘？

他輕鬆地回答說：「我們的背包平均重量為 30 公斤，你們是今天第一趟，接下來還有四趟，因為正值旅遊旺季，只要天氣好，上午及下午都可以飛行，最多次數的一天，我便帶過七位旅客！」果然，到最後，他們四位分成兩組各自馬不停蹄前往其他集合點，繼續帶旅客起飛。

起飛地點就在陡峭的山坡上

不要以為起飛點在葛魯奇阿爾普外面，我們還要花上十多分鐘從一處陡峭的山坡爬至較高的坡地，即使沒有背著重物的我們都感到有點喘，看著這些飛行員一路背著 30 公斤的大包包，真的不得不佩服！

1. 飛行員背著 30 公斤的大包包在陡斜的山坡上爬行
2. 飛行後，我們另外付費購買的記憶卡，內有飛行照片及影片。

Grütschalp
1486 mü.M. 4875 ft

1.2. 葛魯奇阿爾普纜車站。

3. 葛魯奇阿爾普纜車站外有一處 長
長的山坡,我們沿小路開始上行。

4. 十分鐘後,我們爬至較高位置,
飛行員便打開大包包,看看裡面
有什麼裝備?

5.6. 這位就是資深飛行員伯伯,與
Erica 一組。

好像穿著一件 *XXL* 的大尿布一樣

　　剛才提及那位資深的飛行員伯伯，叫做 HANS，我如願能與他一起飛行，而 JACKMAN 的飛行員叫做 KASPAR，也有五年以上的飛行經驗。四組分布在草坪上不同位置，接著飛行員把 30 公斤的包包打開，拿出巨大的飛行傘、七彩繩索及兩人座椅，另外就是兩頂安全頭盔以及一些其他裝備。

　　HANS 先讓我把座墊「穿上」，扣好安全帶，這時我覺得自己好像穿著一件 XXL 的大尿布一樣，另一邊的 JACKMAN 也已穿好。再將自己全部的物品通通塞進飛行員提供的大包包裡，最後掛在身上。

在連綿雪峰前飛行感到幸福

　　即將起飛，我凝視著清晨的雪峰景色，分外清新，讓人感到很幸福。想得入神之際，HANS 走近跟我說明起飛步驟，說道：「倒數後，我們便一起跑，KEEP RUNNING 便可以，這麼簡單就可以順利起飛囉！」我腦中便記著 KEEP RUNNING 這兩個字。

　　他說罷便將飛行傘打開，把七彩繩索與他自己的巨大尿布連接好，然後自己也穿上尿布，最後把我們兩個的尿布座墊扣在一起，我在前他在後。

　　四組排隊起飛，JACKMAN 和 KASPAR 是第一隊，很快便見到他們開始起跑，幾秒之間，他們便成功飛出去了！

心情絕對是超級興奮，
我什麼都不管、用力地發出歡呼的叫聲！

零難度的第一次起飛成功！

　　望著 JACKMAN 的飛行傘飛離我們的視線，身旁的
HANS 隨即問我：「你準備好了嗎？」我想已做好心理
準備。我惦記著 KEEP RUNNING 這兩個字，聽著倒
數完便與 HANS 幾乎同步起跑……出乎意料之外沒有
跑幾步，雙腳已瞬間離開草坪，我和 HANS 悄然的
飛了起來，嘩，真的這麼簡單，完全流暢又沒有難
度的第一次成功起飛！

　　往山谷半空一飛出去後，景色以兩邊一大片翠綠的山坡及樹林為主，腳底下細小的木房子，距離半空中的我們應該有四至五百公尺。飛行速度沒有想像中那麼快，我們繞著、繞著地飛動，偶然還能遠眺到天際一角的連綿白色群峰！

　　正如一開始所說，自己無需帶任何拍攝器材，專心享受當下這特別又難得的 15 分鐘飛行體驗。就像是拍攝結婚照片，拍攝飛行照片和影片都交給飛行員（這筆花費不該省啊！），他拿著一台已經裝好一根長長管子的相機，從各個角度幫我拍攝及錄製影片，並不時作出提示，好讓他拍出一些好角度的作品。

最接近瀑布的一刻！

近距離欣賞到瀑布往下灑落的奇景

　　翠綠景色消失，轉換至近距離山壁景色，也進入飛行高潮，因為我們將靠近飛流直下的施陶河瀑布，這道瑞士第二高瀑布，高 305 公尺，是歐洲最高的自由下落瀑布之一。

瀑布中的美麗彩虹

　　我們靠近瀑布繞著飛，同時也飛近那幾乎垂直的山壁，感覺十分驚險，彷彿電影情節中飛機高速衝向山壁一樣。當最接近瀑布的一刻，好像還有水花和霧氣灑在身上，這是幻覺嗎？瀑布中有道美麗彩虹隱隱約約地展現在我眼前啊！我們一路繼續欣賞瀑布，最後慢慢飛降下去，腳底就是偌大的草地，到處都可以降落，全部人逐一順利又安全地著陸。初回挑戰飛行傘的這四人，可以說是圓滿成功呢！

Travel Note　　　　　　　　　　*親近壯觀的施陶河瀑布*

其實從小鎮的每個角度都可以看見這道壯觀的施陶河瀑布，沿著車站前的大街走約 10 分鐘可抵達瀑布下方，從下方觀賞瀑布看起來特別壯觀。此外，亦可以登上小山丘並進入岩壁內，在登山口還有提供免費的登山杖供遊客借用。從側邊的步道開始爬行，登上山丘便可以眺望小鎮。步道的終點雖然距離瀑布很近，但是不如正面來的壯觀。

info　　Paragliding Jungfrau　　　　　Airtime-paragliding
　　　　　www.paragliding-jungfrau.ch　　airtime-paragliding.ch

　　我們在勞特布龍嫩山谷（LAUTERBRUNNEN VALLEY）玩過雙人飛行傘，跟飛行員道別後，便在長長的 U 字型峽谷展開健行，目的是去尋找特呂默爾河瀑布（TRUMMELBACH FALLS），它可說是此山谷另一道必去拜訪的瀑布。

　　我想大家尚未看到這幽深恬靜山谷的具體面貌，所以首先分析整個山谷、主要健行路線以及連接到穆倫（MURREN）及雪朗峰觀景台（SCHILTHORN）的交通。

勞特布龍嫩山谷的兩個主要小鎮

　　大致來說，勞特布龍嫩山谷兩邊入口各有小鎮，其中最多人認識、聚集很多旅館，並連接了三個地方的就是勞特布龍嫩鎮（LAUTERBRUNNEN），其第一個連接的就是另一邊山谷入口的小鎮——施特歇爾貝格鎮（STECHELBERG），在兩鎮之間的平緩谷地及草原，散布了零星的房子及農舍，旅客可在勞特布龍嫩火車站前搭乘 141 號郵政巴士（SWISS TRAVEL PASS 可享免費）前往，只需十多分鐘，白天每小時有兩班。

141 號郵政巴士

　　這段短短的 141 號巴士行程可讓大家快速瀏覽整個山谷、陡斜山壁及多條瀑布的獨特迷人景色，途中會經過我們此行目的地特呂默爾河瀑布，倒數第二站也有很多人下車，因為那是登上雪朗峰（SCHILTHORN）的施特歇爾貝格纜車站（STECHELBERG），可見此巴士路線十分熱門，尖峰時段巴士非常擠擁。

上：勞特布龍嫩火車站。

中：經常出現滿座情況的 141 號郵政巴士，所以採用雙車廂。

下：穆倫纜車站，就在勞特布龍嫩火車站正前方。

Lauterbrunnen Valley
勞特布龍嫩山谷

Staubbach Falls
施陶河瀑布

以勞特布龍嫩鎮為主軸的交通分析

　　兩邊山谷入口的小鎮雖可依靠巴士互通，但最好用雙腳走一趟，才可細味到山谷幽雅寂靜的一面，坐巴士只要十多分鐘，因此慢步走完單程的話，也只不過是一個多小時左右。至於從那邊開始步行，個人推測差別應該不大（因為從另一邊開始也頗受歡迎）。大家可彈性調整路段，像我們也沒有走完整段，我們是從雙人飛行傘降落處開始行走，距離剛剛離開的勞特布龍嫩鎮範圍不遠，一直走到特呂默爾河瀑布。

往穆倫的兩段交通

　　至於勞特布龍嫩鎮可連接到第二及三個地方，當然是溫根（WENGEN）及穆倫（MURREN），不過，要搭乘往穆倫的交通工具，則在勞特布龍嫩火車站外面。第一段是抵達葛魯奇阿爾普（GRUTSCHALP，即是飛行傘的起飛點）的纜車，然後換上第二段的火車，持 STP 兩段交通都是免費。

穆倫的滄海遺珠之地

　　穆倫是無汽車的環保小鎮，規模小小，散步起來十分愜意，走到村尾，又可接上從施特歇爾貝格纜車站開出的纜車，然後通往雪朗峰觀景台。由此可見，前往穆倫其實有兩個方法。另外，這小鎮原來還有一段登山交通，是通往阿爾門德胡貝爾山（ALLMENDHUBEL），那山頭常被人忽略，實則是滄海遺珠的好地方。

雪朗峰的兩座觀景台穆

　　穆倫的上方就是壯麗的雪朗峰，共有兩座觀景台，頂峰有 PIZ GLORIA 旋轉餐廳及觀景台，標高 2971 公尺，因為 007 經典電影「女王密令」的拍攝而名揚世界。另一座則是博格峰（BRIG，2677 公尺），兩者同樣是近距離觀賞三大主峰的極佳位置。

勞特布龍嫩山谷 Lauterbrunnen Valley
1. 勞特布龍嫩鎮（Lauterbrunnen）
2. 葛魯奇阿爾普站（Grutschalp）
3. 飛行傘起飛點
4. 施陶河瀑布（Staubbach Falls）
5. 飛行傘降落點
6. A 線步道
7. 特呂默爾河瀑布（Trummelbach Falls）
8. 施特歇爾貝格纜車站（Stechelberg）
9. 施特歇爾貝格鎮（Stechelberg）
10. 穆倫（Murren）
11. 阿爾門德胡貝爾山（Allmendhubel）
12. 雪朗峰（Schilthorn）- Birg
13. 雪朗峰頂峰（Schilthorn）- Piz Gloria
14. 溫根（Wengen）
15. 客來雪德（Kleine Scheidegg）
————————— 穆倫的登山交通
————————— 雪朗峰的登山交通

預告：雪朗峰區 Part 1 ～ 2

　　如此一來，以勞特布龍嫩鎮為主軸，連接到施特歇爾貝格、穆倫、雪朗峰兩座觀景台及溫根的交通規劃，也就一目了然。細心一想，才發現勞特布龍嫩山谷的右邊山壁上面竟有不少值得深入探索的地方，也就是緊接本文之後的「雪朗峰區 PART 1 ～ 2」。

飛行航線

靠近瀑布

勞特布龍嫩山谷 Lauterbrunnen Valley
1. 勞特布龍嫩鎮（Lauterbrunnen）
2. 葛魯奇阿爾普站（Grutschalp）
3. 飛行傘起飛點
4. 施陶河瀑布（Staubbach Falls）
5. 飛行傘降落點
6. A 線步道
7. 特呂默爾河瀑布（Trummelbach Falls）
8. 施特歇爾貝格纜車站（Stechelberg）
9. 施特歇爾貝格鎮（Stechelberg）
10. 穆倫（Murren）
11. 阿爾門德胡貝爾山（Allmendhubel）
12. 雪朗峰（Schilthorn）- Birg
13. 雪朗峰頂峰（Schilthorn）- Piz Gloria

在連綿雪山的孕育下，勞特布龍嫩山谷可謂水源充足，岩壁上共有 72 條飛瀑從天而降。當旅客在步道行走時，不時會遇上由冰川融水匯聚而成的冰川河流。

以勞特布龍嫩鎮為主軸的五條健行路線

在勞特布龍嫩火車站或其旅客中心，都可索取這個山谷的地圖及健行路線，分為 A-E 條路線，有些在「完全攻略：一次認識少女峰地區的六大健行推薦路線」中並沒有介紹，所以旅客還是需要索取。

最經典的勞特布龍嫩山谷路線

A 路線是「LAUTERBRUNNEN - STECHELBERG」，屬於最經典又輕鬆易走的一條，也是前面提及從山谷入口小鎮走至另一邊小鎮，時間為 1 小時 45 分鐘，整段路線是 LAUTERBRUNNEN → BUCHEN → TRUMMELBACH FALLS → STECHELBERG。

步出小鎮，環境變成特別寧靜和寫意

路線初段還是位於勞特布龍嫩鎮內，走在人車共道的大馬路上，當走至村尾，行車路與行人路便會分道揚鑣，步道開始進入一大片草原的鄉野小路上，環境也隨之轉變成特別寧靜和寫意。最吸引人的就是走在長長的峽谷中，能隨意欣賞飛瀑、群山、山壁與草原，遠望山谷盡頭便有幾座雪峰及冰川與左右絕壁組成美景，宛如呼喚著在步道上的每一人，一直要走至那一方，緊接登上去。

首先會經過施陶河瀑布（STAUBBACH FALLS），其實一開始在火車站便可遠望到，旅客可以選擇走近，進入一個洞穴後再爬樓梯上去，登高欣賞整個山谷的雄偉壯麗景色。這段分享可參考上一篇。

右：此路可通往特呂默爾河瀑布，但在山壁上卻不見其蹤影，為何呢？
左：施特歌爾貝格纜車站旁邊的山壁，是 A 路線的尾段，人們可在此搭纜車登上雪朗峰觀景台。

古老的冰河侵蝕兩側山壁，因而切削出陡峭的山壁懸崖，兩側山頭上，雪水融化而成的溪流，遇到懸崖就傾瀉直下，變成一條又一條涓絲般的細長瀑布，秀麗又壯觀！

岩石的紋路、奇特與瑰麗都變得特別美

我們從施陶河瀑布附近的草原開始行走，早上十點多的一片清新氣息十分舒服。溫柔陽光從左邊山壁上的天際輕輕灑進，照在右邊山壁上，岩石的紋路、岩石的奇特、岩石的瑰麗通通都變得特別美。

相映成趣，左邊山壁因為先天地理的限制，沒有被充足的陽光關懷到，山壁影子如巨人影子一般厚厚地覆蓋了一大片面積的草原，那麼這範圍內的房子被陽光照射的時間不就大幅減少了嗎？偶爾微風吹過，走在沒有陽光灑進的地方，瞬間有以為置身於三千公尺以上高山步道的錯覺，陣陣的冰涼感覺透進全身。

往後的風景記憶卻比很多地方來得更鮮明

　　這段平坦之路，稱不上有任何難度。大概因為群山峻嶺早已成為我們視覺欣賞中最常吃的主餐，偶爾轉換口味，散步在這悠長歲月中冰川曾經流經過的山谷，四周的氣味、瀑布的聲音、陡峭的山崖、吹著的微風、柔和的陽光，都成為「只有這裡才有的東西」在我心中被鮮明地保留下來。

如雷鳴般的轟聲不斷地從山體內傳來，
冒著水氣的瀑布迂迴曲折地在岩縫間
飛湧出來！

震耳欲聾的自然奇觀隱藏在氣勢磅礴巨石之間

大約走了 45 分鐘，我們來到目的地，沿路設有指示牌，瀑布外面還有 141 號巴士站，還算容易找到。不過，此瀑布有別於一般外露的瀑布，站在外面根本看不到其盧山真面目，只因乾坤盡在氣勢磅礴巨岩之間！

山體之內竟有十層高

瀑布門票，大人為 11 瑞郎，小孩 4 瑞郎，不適用 STP，每年僅在 4 月到 11 月初開放。我們買了門票後稍微走一段上坡路，便進入山體內，無法想像到內部竟有十層之高，裡面的石路十分濕滑，有些還很陡峭。

完整探索十層高瀑布的好方法

深入探索瀑布最方便的方式就是搭乘電梯直上中上段，從那裡出發，先向上探索，然後從最高點逐層下移，這樣才算完整追尋這條壯麗的瀑布。

特殊構造的電梯載旅客升上一百公尺的高處

這山體電梯可不是常見的電梯，它位於一道傾斜的隧道內，就像是斜著運行的電梯般，用纜索將電梯快速拉升至 100 公尺高，每程可載 40 人，快速升到第六層與第七層之間。

左：入口處設有特殊設計電梯的模型。
右：乘客置身於上升中的電梯，充分感受其速度。

在昏暗的山體中，靜靜聆聽著震動人心的瀑布聲響，從上方岩縫中流洩進來的陽光，灑落在激流攪動的水面上，大自然奇景深深在腦海裡留下烙印。

當走在中央的位置，便可見證到如萬馬奔騰的冰川流融水飛瀑於石間穿梭，光看這驚人的流速，就讓人不禁讚嘆大自然的無窮力量！

info 特呂默爾河瀑布
truemmelbachfaelle.ch
門票：大人 11 瑞郎、小孩 4 瑞郎（Swiss Travel Pass 不適用）

步出電梯，一股寒風迎面而來，隆隆巨響的瀑布激流聲從四方八面傳來，眼前等著我們穿過一個又一個光線微弱的大小山洞，望著濕漉漉的石路，不得不小心翼翼地一步步慢慢走動，無論上行或下行階梯必需要扶着欄杆而行。

世界上唯一的冰河瀑布，匯集十條冰河雪融水

旅客通常會被連綿群山和冰河的景色所迷住，但這裡則會讓你更驚嘆阿爾卑斯美景的另類奇觀。此座瀑布匯集了包括少女峰、僧侶峰與艾格峰等三大高峰的十條冰河融水，每秒有二萬公升的流水從三百公尺以上高處驟然落下，直瀉到山體內部，又在岩石間忽隱忽現地奔流。這麼龐大水量每年同時帶來超過兩萬噸的岩石和碎石，據說不時還會引起地動山搖的震盪，這就是世界上唯一的冰河瀑布！

充滿威力的大自然傑作

強大衝擊力的水流日以繼夜地沖刷及侵蝕岩石，在山體內造成多個不同大小弧度的奇突洞穴，最終造成了今日所見的獨特地形，充分向人類展示出大自然充滿威力的傑作。探險家在百年前發現了此一奇景，從此這裡便成為少女峰地區著名的旅遊勝地之一。

這個冰河瀑布行程，走一遍大約一個多小時可結束，很推薦在夏天排進行程，不過記得最好帶件防水外套前來，鞋子也要挑一雙防滑防水的鞋子，才夠安全又盡興！

滾滾洪流的冰川融水在堅硬的岩層間狂野地激盪，發出震動心靈的巨響

左：走在十分濕滑的階梯，必需緊扶着欄杆。
右：遊客在大小不一洞穴中探望洶湧的瀑布。

雪朗峰區　　　*Part* ❶ ｜ 登上 007 觀景台近距離欣賞氣勢磅礴三大主峰並排景色

　　鄰近少女鋒的雪朗峰，名氣雖然不若少女峰，但我覺得這山區的美與魅力與其他名峰不相上下。「雪朗峰區 PART 1～2」這兩篇文章的劃分，其實就將雪朗峰區主要觀景區，從最高處開始逐一介紹，PART 1 是傲立於頂峰的 PIZ GLORIA 觀景台（2970 公尺），與第二高的博格峰觀景台（BIRG，2677 公尺），PART 2 則包含阿爾門德胡貝爾山（ALLMENDHUBEL，1907 公尺）與穆倫（MURREN，1638 公尺）。

　　這座 007 龐德曾來過的雪朗峰，雖然我本身對 007 電影很有興趣，幾部新版 007 龐德電影也有棒場，也看得很滿意，不過計劃要上雪朗峰展望台卻不是粉絲朝聖之旅，主要是為了從另一個角度欣賞少女峰的容顏。上面幾個地方的共同且最大賣點，是近距離觀賞到少女峰等三大主峰並排的景色，如想遊遍全部，最理想是預留一天的時間。

艾格峰

007 特工的雪朗峰

「MY NAME IS BOND, JAMES BOND」，這位所向披靡、無人能敵的 007 特工讓雪朗峰一夜之間聲名大噪。1960 年初，雪朗峰展望台還在興建，電影公司為了讓電影順利拍攝，還出資協助纜車的架設和展望台的電力工程。自 1967 年起，四段登山纜車便開始把遊客從勞特布龍嫩山谷便捷地送往山頂。山頂建有 PIZ GLORIA 觀景台和全景觀旋轉餐廳，旅客可一覽少女峰、僧侶峰、艾格峰的壯麗全景。

綜觀整個少女峰地區，少女峰觀景區及雪朗峰觀景區可說是兩大熱門遊客區。來到雪朗峰山腳的施特歇爾貝格纜車站，在特別明朗的天色下，遊客也特別多，人山人海的狀況與我們在客來雪德（KLEINE SCHEIDEGG）見到排隊人潮十分接近。

僧侶峰

少女峰

上：山腳的纜車站外，擠滿等
候上山的旅客。
下：印有三大主峰及雪山堡的
車票。

登峰的兩種方法

PIZ GLORIA 觀景台、博格峰觀景台（BIRG）及阿爾門德胡貝爾山的管理及運作都
屬於雪朗峰鐵道公司（SCHILTHORN CABLEWAY LTD.），所以在規劃行程時，要查的
不是少女峰鐵道公司網頁，而是雪朗峰鐵道公司網頁（schilthorn.ch）。

雪朗峰的交通有二，方法一：坐上雪朗峰四段纜車（右圖5至9），全程32分鐘，
或是使用往穆倫的交通路線（右圖1至3），然後步行十多鐘抵達村尾的纜車站（右圖7），
換乘纜車繼續往頂峰。

雖然我們有鐵道公司代表 MS. SIMONA STAHLI 陪同，比起其他旅客走得快，但每
換一次車都因為人多要花點時間才能走進車廂。不過當抵達頂峰的觀景台，觸目所看到
的巍峨壯麗景致，就能明白為何有這麼多遊客！

登上雪朗峰頂峰，需要乘坐四段纜車，當纜車從穆倫駛出，
乘客透過車窗已可開始觀賞一字排連線群峰景色

價格的意外驚喜

　　至於 SWISS TRAVEL PASS 的適用條件，登上雪朗峰觀景台的登山纜車，都可享有半價優惠，有點意外的是 JUNGFRAU TRAVEL PASS 也可適用，JTP 以及 EURAIL PASS 和 INTERAIL PASS，也都有 25% 折扣！或許雪朗峰鐵道公司亦想提升競爭力，執筆寫本文時，在官網竟然看到有「40% 折扣」（直至 2017 年 12 月初止），「STECHELBERG – SCHILTHORN」（下圖 5 至 9）的來回票價為 105 瑞郎，持 SWISS HALF FARE CARD 為 52.5 瑞郎，而 STP 更低至 41.1 瑞郎。

1. 勞特布龍嫩鎮　2. 葛魯奇阿爾普站 3. 穆倫火車站　4. 施陶河瀑布
5. 施特歇爾貝格纜車站　6.Gimmelwald 纜車站 7. 穆倫纜車站
8. 雪朗峰 - 博格峰觀景台 9. 雪朗峰頂峰 - Piz Gloria 10. 阿爾門德胡貝爾山
11. 特呂默爾河瀑布（Allmendhubel）

――――――― 穆倫的登山交通　―――――― 雪朗峰的登山交通

眾多的龐德電影中，唯獨在《女王密使》中，龐德在瑞士破案之餘，更破例迎娶 Diana Rigg 飾演的龐德女郎，而且男主角 George Lazenby，也是首次兼唯一一次飾演 007。

雪朗峰的 007 龐德電影世界

頂峰觀景台又俗稱為雪山堡，遊客來到這裡也進入了 007 龐德的電影世界。1969 年上映的電影《007：女王密使》（ON HER MAJESTY'S SECRET SERVICE），就在此山取景及拍攝主要情節。

觀景台內部的「BOND WORLD 007 互動冒險展館」絕對是不可錯過地方，裡面有多個互動裝置、影片、電影場景重現、道具展示、懷舊海報等，最受歡迎自然是可以扮演龐德，在互動裝置中架駛小型直升機以及電動雪橇追擊壞人，趣味又好玩，即使是不熟悉電影的孩子，看到這兩個互動架駛裝置，必定馬上愛上，大呼過隱。最後還可以重溫電影中的經典場面，以及昔日雪山堡及纜車的興建過程，大家就會對雪朗峰及電影有更深入的認識。

007 星光大道

在觀景台外面的一道短短的山路，可通往另一邊的小瞭望台，這之間設有近年才出現的「007 星光大道」，將《女王密使》的主要演出者及幕後人員都製成展示牌子，並展示他們的照片、手印和簽名。話說過來，我們乘坐瑞士航空回家時，竟然有機會在機上看到此電影，電影中的雪山堡跟我們現今看到的外形也大致接近，看著男主角 GEORGE LAZENBY 扮演龐德踏足在雪山堡，甚有趣味。

電影的畫冊及龐德鐵盒巧克力。

左：在 007 星光大道上，旅客可一邊眺望景色，一邊重溫電影主要演員及製作人員資料。右：男主角 George Lazenby 的展示牌，下方是其拳印及掌印。

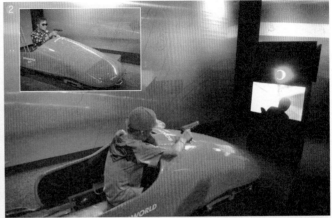

1. 旅客可操作模擬直升機在雪朗峰上空追擊壞人。
2. 追擊壞人的互動體驗還可以駕駛電動雪橇，都很好玩！
3. 扮演龐德，查看追尋敵人的線索及犯罪證據。
4. 展館介紹歷年多部龐德電影在世界各地拍攝過的場景，圖中右方就是目前很受歡迎的最新一代龐德！

餐廳內豎立了龐德紙板人，像在告訴客人，此地因007而享有超過半世紀的人氣！

Piz Gloria 360 度旋轉餐廳

　　當天我們離開薩斯斐，踏上雪朗峰頂峰已經中午了，因此 SIMONA 安排我們先到 360 度旋轉餐廳填飽肚子。正值用餐的尖峰時段，整間餐廳都座無虛席，好不熱鬧。一般以觀賞景色為賣點的餐廳，靠窗位置最為熱門，旋轉餐廳的靠窗位置更是搶手，SIMONA 推薦說：「旅客可在官網預訂靠窗的位子！」我驚訝地說：「真的假的？我一定要在書內分享這好消息！」

　　「007 漢堡」是餐廳的招牌美食，價錢為 23 瑞郎，不少旅客也有點，我們不免俗地也來一份。壓上「007」標誌的漢堡，賣相別致之餘，自家製作的漢堡排亦相當 JUICY，配上產自因特拉肯（INTERLAKEN）的本地啤酒 RUGEN BRAU（6.5 瑞郎），可謂是絕配！

　　餐廳自轉一圈大約 55 分鐘，窗邊細心地還貼有山脈圖，讓大家不費吹灰之力，坐收連綿群峰全景。我們開始用餐時，便見到三大主峰靜靜地從左邊窗前出現，少女峰最先展現，那距離好像很接近，夢幻得不太真實！

以少女峰為主的三連峰景色

搭乘纜車來到將近三千公尺高的山頂，景觀從田園轉至山林，最後是白雪皚皚，顏色也從翠綠多彩色調，轉變為藍、白為主的單純色調。

頂峰的 PIZ GLORIA 觀景台（2970 公尺），與第二高的博格峰觀景台（2677 公尺）的相距只有三百多尺，同樣能遠眺高聳入雲的山峰。前文的曼麗申（MANNLICHEN），也可以觀賞到三大主峰景色，不禁想問與這裡有何分別呢？

前者是以艾格峰為主的三峰景色，尤其是其著名的險要北壁。至於雪朗峰，則會看到以少女峰為主的三連峰，以及約二百座宏偉山峰圍繞四周，覺得自己好像被包圍在群山之中，眺望綿延起伏的山頭，或白雪覆蓋、或雲霧環繞半遮掩，白色是統一色調，襯上藍得耀眼的天際，覺得自己像站在歐洲屋脊上朝聖，朝拜著眼前壯觀的景致。

三大主峰

Piz Gloria 觀景台。

博格峰觀景台。

有點刺激又好玩的
第1段：走鋼索。

超痛的震撼之旅

從博格峰觀景台開始蜿蜒下行至垂直絕壁，旅客可以展開震撼之旅（Thrill Walk），據說是雪朗峰全新的刺激體驗。鋼筋結構的步道在觀景台下隨著山勢起伏，建在絕壁岩層伸出之處，瑞士的建造工程令人放心，步道既不搖也不晃實在不驚悚。除了平坦的步道外，還有四段不同的設計，每一段基本上大人小孩子也都適合玩。

第1段是「有點刺激又好玩的走鋼索」，雙手扶著兩邊鋼索單向在鋼索上前進，只能往前走完沒有後退的路。在二千多公尺的高空中，這天的風勢不大，如果換成在強勁的風勢下，應該也會很好玩。在現場觀察到不少大人和小朋友也愛玩。

接下來是透明玻璃地板與鏤空鋼條地板，對於一般人是毫無難度，愛挑戰又愛玩的老人家應該也會覺得有趣。

好戲總在後頭，眼前是一道「狹小的鏤空鋼索管道」。事實上現場只有旁觀者，沒有一個人願意去體驗，Jackman 就如綜藝節目的外景主持二話不說鑽進去。我猜想當時的他應該很快便感到不妙、後悔不已，卻又無法後退⋯⋯

首先，他忘記卸下背包，活動空間因而減少，造成前進速度減慢；第二，身形瘦小的小孩子在狹小管道內，應該可以蹲低慢慢像鴨子走路一樣向前進，Jackman 只能夠用唯一方法——用膝蓋攀爬前進。穿著短褲子的他，便感到超級痛楚（事後他大吐苦水這樣說著，冷汗也冒了出來），每次好不容易用膝蓋爬了一小段，卻因為實在太痛而不得不停下來休息⋯⋯這趟儼如犯人接受酷刑折磨的超痛體驗，也成為 Jackman 的人生中非比尋常的難忘畫面啊！

左：毫無難度的第2段，走在透明玻璃地板。
右：同樣毫無難度的第3段，走在鏤空鋼條地板。

超後悔又感到超痛楚的第 4 段：
攀爬在狹小鏤空鋼索管道。

穆倫 Murren
高踞少女峰西側絕壁上，望出去的少女峰顯得好近好壯
觀。她和溫根一樣，都是一座環保無汽車的小村，旅客可
以愜意地徒步探索。

我們從熱熱鬧鬧的博格峰觀景台（BIRG）坐纜車回到穆倫（MURREN），換一換氣氛，開始在安靜純樸的小山村散步，走一趟叫人多麼舒心。

層層疊疊的獨特景致

位於山腰的穆倫，是一處位在勞特布龍嫩山谷懸崖上的小山村，家家戶戶過著靜謐閒適的生活，每天從早到晚都享受著對望著三大主峰的動人景色。盤據在山崖邊的高高低低木造房舍，依著山勢而興建，形成層層疊疊的獨特景致。值得一提的是，雖然不及霆朗峰的遼闊無邊景色，在這處望出去的少女峰卻顯得好近、好壯觀，尤其是在火車站那塊的視野最為接近。

愜意地徒步再探索小村的風采

上一回到訪時，濃霧籠罩整個小鎮，未能好好欣賞小鎮的全貌，總覺得這地方還有「某些東西」。幸好再度造訪的這個午後，我們很感恩能繼續在蔚藍明朗天空下，可以盡情、愜意地徒步，探索此美麗小村的風采。

左：位於穆倫村頭的火車站
中：位於穆倫村尾的纜車站，與火車站相距十多分鐘的路程。
右：登上阿爾門德胡貝爾山的齒軌列車，初段路軌十分陡斜。

牆上的村莊

從 13 世紀開始就有關於這個小村莊的記載，當初因為特殊的地理位置而被稱作「DORF AUF DER MAUER」，此為德語，意思是牆上的村莊（VILLAGE ON THE WALL）。最早來此偏僻山崖上定居的人，據說來自瓦萊州（VALAIS）的洛書堡河谷（LÖTSCHEN VALLEY），如今，這淵源依然能從老房子的設計和人們的方言中看出。目前居住的村民有接近五百人，但供給旅客的住宿可多達二千個床位。

九座環保旅遊村

這個小鎮是禁止通行汽車，只能藉由纜車和鐵道進出，被列為環保旅遊村莊，因此完好地保存了阿爾卑斯樸素的山村氛圍。目前，總共有九個風景壯麗的度假山區被列為環保旅遊村，除了此鎮外，還包括貝特默阿爾卑（BETTMERALP）、布勞爾瓦爾德（BRAUNWALD）、利德阿爾卑（RIEDERALP）、瑞吉卡爾特巴德（RIGI-KALTBAD）、施圖斯（STOOS）、薩斯斐（SAAS-FEE）、溫根（WENGEN）及策馬特（ZERMATT）。

走著走著，偶然停下腳步，看看種植在路邊或居民門前的色彩繽紛小花，轉角處又遇見可愛小胖子木雕象，他應該在路邊一直等著我們再來探訪，一切就像回到熟悉的地方一般。

左上：鎮上的傳統木屋，欣賞著每戶人家門前的精緻裝飾和盛放鮮花，好不賞心悅目、令人愉快！
左下：路邊的可愛小胖子木雕像在歡迎旅客。
右上：依山勢而興建的房子，與群山遙遙對望著。
右下：幽靜小鎮的大街上，三三兩兩的行人在散步。

花時間在小鎮大街與小巷之間毫無目的地散步，真的是美好的體驗。即使第二次的造訪，我還是深深覺得這個寧靜山村的一切真讓人好喜歡！

登上阿爾門德胡貝爾山

　　我們離開大街，往村莊深處走去，走到上回旅程錯過的地方，這天最後行程要登上阿阿爾門德胡貝爾山（ALLMENDHUBEL，1907公尺）。依著指示牌前行，當看到在山坡上出現像是一條橋的建築物，就是往最後目的地的齒軌電車，站在外面觀看鐵道石橋看來十分陡斜。這段登山列車只有二列車，一列車往上，另一列車往下，然後在中間的交會處會車。單程只需要4分鐘而已，每20分鐘才會有一班車。

以較便宜的交通費用去看廣闊的三大主峰景色

　　來到阿爾門德胡貝爾山，由於地勢比穆倫更高，視野又變得更開闊。SIMONA帶著我們走到山崖邊處，指著對面的群峰，便說：「若想以較便宜的交通費用去看廣闊的三大主峰景色，而且又想避開人潮，靜靜地散步和賞景的話，我會推薦這裡，不少本地人像我一樣都愛在這裡野餐！」

本頁兩張照片都可近距離觀看三大主峰，左圖拍攝於穆倫，右圖則拍攝於阿爾門德胡貝爾山。

上中：Flower Trail 的牌子，很親切可愛的婆婆
在介紹山頭上各種植物，以及當地人如何照料
它們。
下：Flower Trail 沿途的高山植物。

適合父母帶著小朋友前來的小天地

我一邊聽著她的分享，一邊看著皚皚白雪的少女峰等幾座山頭，白雪和藍天相互輝映著，雖然這裡只是一座小小的山頭，也沒有「BOND WORLD 007 互動冒險展館」或震撼之旅（THRILL WALK）等玩意，車站旁只有一座餐廳和小小的遊樂場。可是，看著小孩子們在遊樂場開心地跑來跑去、玩著各種遊戲設施，歡樂聲此起彼落，另一邊餐廳內的父母們則靜靜地沉醉美景與美食之間，偶然輕聲聊天，便深深覺得這裡真的十分適合帶著年紀較小的小朋友、甚至推著嬰兒車的父母。

在三大主峰前享受午後的野餐

正如 SIMONA 所說，在這山坡上野餐看風景，同樣讓人心曠神怡。野餐，真是不錯提議，即使事前沒有帶任何食物，穆倫鎮上也有一間 COOP 超市，只要上來之前先拜訪一下超市，乾火腿、水果、麵包、飲料等愛吃愛喝的都買一些，隨意在山坡一處或山崖邊長椅坐下來，就可在三大主峰面前慢慢享用！

不同主題的步道

阿爾門德胡貝爾山本身也有五條不同主題的步道，包括專門欣賞高山植物的「FLOWER TRAIL」、了解登山者歷史的「NORTH FACE TRAIL」，另外還有「CHILDREN'S-ADVENTURE TRAIL」、「MOUNTAIN-VEIW TRAIL」及「BLUMENTAL-PANORAMATRAIL」，每段所需的時間不長，野餐後挑一條走一走。最後，假使時間足夠，不妨直接走回穆倫，也只要 40 分鐘。路很緩，小朋友和老人走也沒有問題，沿途當然有百看不厭的山景和遍地野生花朵，通通都是令人印象深刻的怡人畫面！

多種顏色的小牌子就是不同主題的步道。

上下：阿爾門德阿貝爾山的遊樂場及餐廳

　　寫作上一本《最完美的瑞士之旅》的時候，不下數次表達過有些錯過了的地方，期盼在未來某次瑞士旅行中，可以在充足時間及條件下好好造訪。於是，某幾個地方的名字、照片、文章經常在腦海浮現，宛如在提醒著我，薩斯斐（SAAS-FEE）便是其中一處，而最後兩天的主要行程，便是在這情況下，於規劃最初階段就已經加了進去，列為「非去不去的地方」！旅程結束後，這好幾個地方的畫面、見過的人物、聊過的對話、呼吸過的空氣，好像比其他地方變得格外印象深刻。

兩項非去不可的行程安排在第一天

　　最後兩天裡，兩個非去不可的行程是最大亮點。第一天早上，首先要完成 36 號步道（EIGERGLETSCHER → ALPIGLEN），又稱為艾格步道（EIGER TRAIL），約六公里，標準時間為兩小時 50 分鐘。

艾格峰之路 Eiger Trail
36 號步道全長六公里，比起此山區的其他步道，呈現不同的味道及氣勢。唯獨這一條最靠近凶險的艾格峰北坡，最能清楚地抬頭仰望其壯觀全貌。

同一天的下午，要行走標準時間為兩小時 45 分鐘的陡斜上坡路，登上福爾山峰（FAULHORN），山頂上有一座建於 1830 年的福爾山旅館（BERGHOTEL FAULHORN），這就是我們要體驗的最後一間山間旅館。

從黃昏到第二天清晨，我們會一直留在山上，360 度少女峰地區的日落與日出絕美景色無疑是事前的最大期待，豈料到當我們真正走一趟、實際住宿一夜後，才驚訝發現最後的收穫遠遠超過預期。

規劃長途旅程重點：不要安排太滿的行程

個人經驗的分享，規劃長途旅程的要點之一，最好不要每一天都安排滿滿的行程，每隔數天或每個到訪的城鎮，都預留一些空檔，方便彈性調整行程或應付突發事項。

出發前準備：恢復體力

從體力方面評估自己，我們已經完成接近 20 天的行程，雖然每天都有七至八小時的睡眠，但長期還未恢復的疲勞已經很明顯。體力充足，人的反應及應變能力亦會快速，發生意外的機會自然減少。所以前一天的安排比較輕鬆，我們順利完成該做的事便在下午三點多回到旅館，好好休息。

出發前準備：托運行李

由於要在福爾山旅館住宿，徒步上山是唯一方法，所以要先行處理兩件行李箱。這不是什麼難題，瑞士國鐵的托運行李服務大派上場！

把大件行李放在車站內

當你從 A 地前往 B 地，想在途中某個地方下車遊覽一番⋯⋯有人會選擇放在車站置物櫃，太大的話寄放在車站內也可以；我們因為行程緊湊，行李箱也曾寄放在勞特布龍嫩火車站內，皆因置物櫃無法容納，火車站職員說可交給他們，還記得聖加侖火車站的大置物櫃價格為 9 瑞郎，而這裡則是每件 3 瑞郎，想像不到的便宜啊！或許這個車站不屬於瑞士國鐵，因此收費略有不同，總而言之寄放行李遇到問題時，向火車站或旅客中心求救，絕對能找到解決方法。

說回托運行李，如果從 A 地前往 B 地，不在同一天內，而且兩地之間還需要去多個地方，怎辦好呢？這完全就是我們當下遇到的情況，因此決定使用 EXPRESS LUGGAGE。那天早上，我們在溫根火車站辦好 EXPRESS LUGGAGE 的手續，先運送行李，直至翌天完成全部行程，坐火車直往巴塞爾（BASEL），最後在那裡的火車站才與它們重聚。

早上八點前，我們在溫根火車站辦理 Express Luggage 手續，將兩件大行李托運，然後輕裝出發！

提供 *Express Luggage* 及 *Flight Luggage*、*Express Flight Luggage* 的少女峰地區五個車站（送往蘇黎世國際機場）

格林德瓦 (Grindelwald)

溫根（Wengen）

勞特布龍嫩（Lauterbrunnen）

因特拉肯東（Interlaken Ost）

穆倫（Murren）

完全攻略：瑞士國鐵的兩大類托運行李

　　暫時想不出有哪一國家的托運行李服務勝過瑞士國鐵，旅客可托運行李、滑雪用具、嬰兒車等等，每件不超過 25 公斤，雖在前作已推薦過，再一次推薦只因此項服務實在值得一再推薦，加上瑞士國鐵也更新了此服務，最新安排則採用簡潔方法，劃分為兩大類：LUGGAGE 及 FLIGHT LUGGAGE。簡單來說，前者是主要透過火車來托運行李，後者則包括火車及飛機。

Flight Luggage 的重點

　　FLIGHT LUGGAGE 主 要 是 提 供 搭 乘 SWISS 及 EDELWEISS 兩間航空公司的旅客使用，大致做法是如果在香港乘搭 SWISS，辦理 CHECK IN 手續時，可同時使用 FLIGHT LUGGAGE（住宿在琉森市內），那麼清晨抵達蘇黎世機場時，便不用領取行李，可先到想去的地方遊玩，直至傍晚再前往琉森火車站取回行李。相反的話，當離開瑞士時，亦可在指定火車站辦理 FLIGHT LUGGAGE 或 EXPRESS FLIGHT LUGGAGE，托運行李的同時也拿到登機證，在機場不用花時間便可輕鬆直接入關，抵達目的地後再取回行李。

兩大類共十種的托運行李服務

　　「LUGGAGE」 共 有 六 種， 分 為 LUGGAGE、EXPRESS LUGGAGE、INTERNATIONAL LUGGAGE、DOOR-TO-DOOR LUGGAGE、EXPRESS DOOR-TO-DOOR LUGGAGE 及 INTERNATIONAL DOOR-TO-DOOR LUGGAGE。

　　「FLIGHT LUGGAGE」 共 有 四 種， 分 為 FLIGHT LUGGAGE、EXPRESS FLIGHT LUGGAGE、DOOR-TO-DOOR FLIGHT LUGGAGE 及 DOOR-TO-DOOR FLIGHT LUGGAGE EXPRESS。

「Express」的重點：即日內可送抵目的地！

　　一般旅客最常使用的四種托運服務，大概是 LUGGAGE、EXPRESS LUGGAGE 及 FLIGHT LUGGAGE、EXPRESS FLIGHT LUGGAGE。「EXPRESS」意思是旅客在即日指定時間前辦好手續，當天晚上行李就能夠送到目的地。至於收費便宜一點的 LUGGAGE 及 FLIGHT LUGGAGE，自然就需要提早一些時間，並且無法即日內送到目的地。

取回行李：上一回旅程我們是託運行李到格林德瓦火車站，當日完成行程後，下午七點左右來到車站取回行李，職員還詢問服務如何？我們滿意地說：很方便，太讚了！

提供 *Express Luggage* 及 *Flight Luggage*、*Express Flight Luggage* 的六個主要車站

1. 蘇黎世國際機場的火車站，旅客下機後，馬上可辦理託運行李手續，然後輕輕鬆鬆地直接去遊玩。2. 第一章出現過的英格堡站（Engelberg），就是登上鐵力士山的山腳車站。3. 第二章的聖加侖站（St. Gallen），在那裡可拜訪到歐洲古老圖書館。4. 達佛斯（Davos）的普拉茨站（Davos Platz），出現在第三章。5. 第四章的聖莫里茲（St. Moritz），照片就是從那裡開出的冰河列車。6. 冰河列車抵達另一邊的總站就是策馬特（Zermatt），這裡是最靠近馬特洪峰的山腳小鎮。

Luggage（國內→國內托運）

提供服務的車站：400 多個。

托運限期：當天 19：00 以前托運，後天 09：00 以後取回。

收費：每件 12 瑞郎（不超過 25KG），行李抵達車站後，可以免費寄放四天，之後每天加收 5 瑞郎。

Express Luggage（國內→國內托運）

提供此服務的車站：33 個，除了上面提及的車站還包括 BASEL、BERN、CHUR、GENEVA、LUCERNE、MONTREUX 及 ZURICH MAIN STATION 等。（官網可查詢）

托運限期：一般是當天 09：00 以前托運，同一天 18：00 以後取回。

收費：快遞費用為 30 瑞郎，每件行李為 12 瑞郎（不超過 25KG）。

注意：此服務不提供免費寄放四天。

Flight Luggage

（國內→蘇黎世／日內瓦機場→國外托運，相反亦可）

提供此服務可送到蘇黎世機場的車站：34 個，大部分和上面的 EXPRESS LUGGAGE 相同。

托運限期：乘搭 SWISS 及 EDELWEISS 兩間航空公司的旅客，前一天指定時間前辦好托運及 CHECK IN 手續，回到自己國家後取回行李。

收費：每件行李為 22 瑞郎（不超過 25KG）。

Express Flight Luggage

（國內→蘇黎世／日內瓦機場→國外托運）

提供此服務可送到蘇黎世機場的車站：24 個。

托運限期：乘搭 SWISS 及 EDELWEISS 兩間航空公司的旅客，當天指定時間辦好托運及 CHECK IN 手續，回到自己國家後取回行李。

收費：快遞費用為 30 瑞郎，每件行李為 22 瑞郎（不超過 25KG）。

在官網可即時查詢實際的托運限期及費用

旅客可在官網（sbb.ch）輸入相關資料，即時知道實際的托運限期、取回時間及費用等。以下是我們於溫根托運行李，在巴塞爾取回行李的例子，輸入資料後，右頁會顯示兩段文字，第一段為 EXPRESS LUGGAGE，第二段為 LUGGAGE。

我們的托運

EXPRESS LUGGAGE 的實際托運限期，為當天 09：00 前，19：45 分可取回。LUGGAGE 則為當天 19：00 以前托運，後天 09：00 以後可取回。我們共有兩件行李，EXPRESS LUGGAGE 的費用為 30+12+12=54 瑞郎。

官網查詢到的托運行李步驟

① Luggage and flight luggage.

On the move unhampered by luggage. With us, your luggage travels all on its own - from station to station or door to door, in Switzerland or abroad. Leaving your hands and mind free for more important things.

Flight luggage.
If you are travelling by plane to or from Zurich or Geneva airport, we will check you in and transport your flight luggage.

Luggage.
If you are travelling by train in Switzerland or to a nearby country, we will transport your luggage.

More ...

分為兩大類：Luggage 及 Fight Luggage。

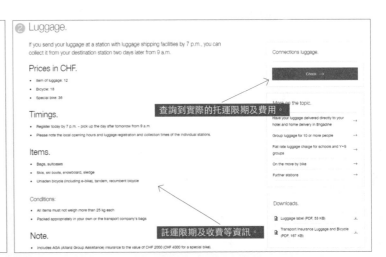

② Luggage.

If you send your luggage at a station with luggage shipping facilities by 7 p.m., you can collect it from your destination station two days later from 9 a.m.

Prices in CHF.
- Item of luggage: 12
- Bicycle: 18
- Special bike: 36

Timings.
- Register today by 7 p.m. - pick up the day after tomorrow from 9 a.m.
- Please note the local opening hours and luggage registration and collection times of the individual stations.

Items.
- Bags, suitcases
- Skis, ski boots, snowboard, sledge
- Unladen bicycle (including e-bike), tandem, recumbent bicycle

Conditions:
- All items must not weigh more than 25 kg each
- Packed appropriately in your own or the transport company's bags

Note.
- Includes AGA (Allianz Group Assistance) insurance to the value of CHF 2000 (CHF 4000 for a special bike)

Connections luggage.

Check →

More on the topic.
- Have your luggage delivered directly to your hotel and home delivery in Engadine →
- Group luggage for 10 or more people →
- Flat rate luggage charge for schools and Y+S groups →
- On the move by bike →
- Further stations →

Downloads.
- Luggage label (PDF, 53 KB)
- Transport insurance Luggage and Bicycle (PDF, 167 KB)

查詢到實際的托運限期及費用。

託運限期及收費等資訊。

---

③

Luggage

From	Wengen	⌄
To	Basel	⌄
Dispatch date	26.05.2017	📅

輸入資料後，便出現文字，第一段 為 Express Luggage，第二段為 Luggage。

Registration in Wengen on Friday, 26.05.2017 by 09:00, ready for pick-up at Basel on Friday, 26.05.2017 from 19:45 as express luggage with CHF12.00 per luggage item and CHF30.00 express surcharge per shipment.

It is not possible to register your luggage on the day you requested. It will not be possible until: Registration in Wengen on Thursday, 25.05.2017 by 19:00, ready for pick-up at Basel on Saturday, 27.05.2017 from 09:00 as luggage with CHF12.00 per luggage item.

最後二天 Part ❷ │ 走一趟命奪北壁下的步道

　　溫根給了我們許多美好的回憶，我們要告別了，心裡不由得期盼著冬天的溫根，嚮往不已。早上八點在火車站完成托運行李的手續，經過前一天充足的休息，輕裝的我們抖擻精神，背著背包便出發！

1. 克來雪德（Kleine Scheidegg）　2.33 號步道（Mannlichen → Kleine Scheidegg）
3. 往艾格冰河站（Eigerglestcher）及少女峰觀景台（Jungfraujoch）的火車路線
4. 37 號步道（Eigerletscher → Kleine Scheidegg）　5. 艾格冰河站（Eigerglestcher）　6. 艾格峰（Eiger）
7. 僧侶峰（Monch）　8. 少女峰觀景台（Jungfraujoch）　9. 少女峰（Jungfrau）　10. 艾格峰北壁
11. 羅特施托克山（Rotstock）　12. 36 號步道（Eigergletscher → Alpiglen）

在明朗天色下出發

少女峰鐵道公司的 JOSEF ERNI，年過 70 歲，是一位非常資深的導遊及攀登專家，在因特拉肯土生土長，清晨來到溫根與我們會合。

搭上 08：24 的火車，然後在客來雪德轉車，將近九點已經進入湧上少女峰觀景台的高峰時段，每一節車廂都爆滿。是日天氣預告是好消息，看起來大家都會得償所願在明朗天色下，觀看到最清晰最美的阿萊奇冰川景色了。

乘客不是只為了登上少女峰觀景台

深紅色的少女峰鐵道火車行駛了十分鐘，就抵達艾格冰河站（EIGERGLESTCHER），車門打開，連同我們共不到十位乘客下車。車廂內好幾位乘客忽然留意到我們，頭頂好像出現許多問號，乘坐這班列車不就是為了登上少女峰觀景台嗎？我猜測他們應該這樣想著。

挑選 36 號步道的最初原因

之所以會這樣猜測，正是我們挑選 36 號步道的最初原因。初次坐上這班列車的那天，我們也幸運遇上好天氣，同樣在這個車站，當時我注意到有幾位旅客竟然下車，同樣在心裡這樣問著：乘坐這班列車不就是為了登上少女峰觀景台嗎？

對於他們接下來會走往哪處、行走哪一條步道，我一直感到非常好奇，希望找到答案。

擠滿乘客的客來雪德車站。

只有幾位乘客在艾格冰河站下車。

列車繼續上山，我們也開始健行了。

36 號步道
終於找到答案、也終於實踐行走這長達六里的
艾格峰步道（Eiger Trail）。

37 號步道

艾格冰河站的幾條人氣步道

之後，對於這一大片少女峰地區認識多了，便知道艾格冰河站有幾條步道，其中 36 號及 37 號同屬於官方的六大推薦步道，我才恍然明白，難怪有旅客在此下車，而這些旅客想必已經到訪過少女峰觀景台。這裡順道解說 JUNGFRAU TRAVEL PASS（簡稱 JTP），可免費搭乘列車範圍不是只到客來雪德站，而是艾格冰河站。因為從艾格冰河站開始到少女峰終站，即使持有 JTP，還需額外付款購買優惠車票。

印有 Eiger Trail 的黃色大牌子

37 號步道（JUNGFRAU EIGER WALK）從車站左邊開始沿路下行，很多人從少女峰觀景台下來後便開始行走，其賣點不再重覆，簡單一句：「絕不要錯過！」至於車站右邊就是 36 號步道，印有 EIGER TRAIL 的黃色大牌子掛在石壁上，指引著旅客前往的方向。

好像馬上可以運作的全新纜車站

轉角之處便可見到全新纜車站。這是即將在 2018 年投入服務的全新纜車線，此線屬於 V-CABLEWAY PROJECT 的一部分，整個計劃包含溫根、格林德瓦及葛倫德等的交通新規劃。屆時，新纜車從葛倫德開始連接到這裡，步出纜車再走路一分鐘，就可以在艾格冰河站無縫接上通往少女峰觀景台的列車。我看著已經建好的新車站，假設掛上一架架纜車廂，好像馬上就可以運作、接送大批旅客了。

左：我們從右邊小路開始走 36 號步道。
中：已經建好的全新纜車站。
右：圖中左邊的黑色纜車廂，會行經葛倫德至此；紅色車
廂是葛倫德至曼麗申的全新車廂（原本車廂已經老舊）。

艾格峰（Eiger）

羅特施托克山
（Rotstock）

36 號步道

進入險峻之境

　　36號步道，又稱艾格峰步道（EIGER TRAIL），全長六公里，三小時左右，比起此山區的其他步道，呈現不同的味道及氣勢。唯獨這一條最靠近凶險的艾格峰北坡，最能清楚的仰望其壯觀面貌。

艾格峰北壁的垂直高度為 1800 公尺

　　阿爾卑斯山脈的三大北壁是馬特洪峰（MATTERHORN，4478 公尺）、艾格峰（EIGER，3970公尺）和大喬拉斯（GRANDES JORASSES，4208 公尺）。三大北壁的坡度都在 55 到 80 度之間，而馬特洪北壁的垂直高度為 1100 公尺，大喬拉斯為 1200 公尺，至於艾格北壁則驚人許多，高達 1800 公尺。也是最晚被成功首攀，是在 1938 年。

預設的擔心

不曉得走過此步道的朋友，是否會跟我一樣有這樣預設的擔心，說起來應該是自己過度擔憂，在未實際踏上步道前，常常被「走在凶險北壁之下＝一定很艱辛」這樣想法而困擾著。

碎石坡和草坡交雜

事實上，初段已經進入北壁範圍，從二千三多百公尺開始前行，繞著山腰的碎石路而行，途中不需要攀爬，一直行走在起伏不大的坡路，全線路段大約兩至三個人寬，碎石坡和草坡交雜。偶然走一走緩緩的上坡路，但一點也不辛苦。

年紀很小的孩子以及老人家當然就不太適合，只有穿著合宜的登山鞋，體力又足以應付三小時以上的話，就能勝任有餘了！

這條由西至東的步道，依著山壁開闊，四周視野因而無限寬闊，站在巨大北壁下放眼遠眺氣勢浩瀚的連綿群峰，俯瞰千姿百態的谷地景貌。

探望著步道盡頭之處——格林德瓦，只見小鎮後面的山體，就是布薩爾普（BUSSALP）、福爾山峰（FAULHORN）及菲斯特（FIRST），就是我們旅程的最後三站了！

1. 客來雪德（Kleine Scheidegg） 2.33 號步道（Mannlichen → Kleine Scheidegg）
3. 曼麗申（Mannlichen） 4. 曼麗申的最高點：皇冠觀景台 5. 格林德瓦（Grindelwald）
6. 菲斯特（First） 7. 布薩爾普（Bussalp） 8. 福爾山峰（Faulhorn）

抬頭遠望百年鐵道奇蹟

36 號步道中段以後，要時刻留意頭頂的山壁，不然會錯過艾格石壁站（Eigerwand，2865 公尺）！

少女峰鐵道列車駛離艾格冰河站（Eigerglestcher），緊接進入山體內的隧道，然後在艾格石壁站停車幾分鐘，乘客可下車走到隧道的展望窗台，隔著玻璃窗欣賞外面的谷地景色。至於 36 號步道的健行者則可以仰望到七個像刻在石壁上的正方形，實則就是展望窗台。

艾格峰北壁之凶險

因此，步道本身並不艱難，只是走在擁有體積龐大的垂直岩壁之下，自然能感受到那濃濃的凶險氣圍。艾格峰北壁是這次主角，一定要好好說明它到底如何凶險。艾格峰（EIGER）這名字起源可追溯到 13 世紀，那時被稱為「MONS EGERE」，源自德語單詞「HEJ GER」（意思是「矛」），在法語區，則常被稱為「OGRE」（意為「食人者」）。第一次成功登頂於 1858 年，登山者是從西側翼開始攀登，一直到現在這條也是傳統標準路線。

最陡峭崎嶇的天險

艾格峰北壁是一面近乎垂直的石灰岩壁，高度落差約有 1830 公尺，加上日照時間短，常常顯得陰冷黝黑，而且落石、雪崩頻繁，因此北壁被稱為「全歐洲最陡峭崎嶇的天險之一」。

2006 年，有一塊大約為 70 萬立方公尺的岩石跌落，萬幸之中只是跌入了無人地區，沒有人受傷。

1936 年的艾格峰北壁山難

在眾多嘗試由北壁登頂的事件中，不少都以悲劇收場，最著名的莫過於 1936 年的山難。來自德國的 ANDREAS HINTERSTOISSER 及 TONI KURZ，奧地利人 WILLY ANGERER 及 EDI RAINER 組成的兩組登山隊於同一天分別出發，卻遇上雪崩，除 TONI 外其餘三人幾乎立即斃命，而 TONI 靠著一根繩子吊掛在半空，但因繩子不夠長無法下降至救難人員可觸及的地方，最終疲累力竭而死去，後來有段時間其遺體也懸掛在北壁上，在格林德瓦旅館的旅客透過望遠鏡也能看見。此悲劇於 2008 年拍成德國電影《北峰》（NORTH FACE），在台灣也曾上映，迴響甚深。

近 34 年出現了好幾位特別出色的成功攀登北壁的英雄，其事蹟及手印設置於步道初段。

第一次征服艾格峰北壁

　　第一次成功征服艾格峰北壁是發生在 1938 年 7 月 24 日，同樣是來自德國及奧地利共四人的兩小隊，分別是 ANDERL HECKMAIR、LUDWIG VÖRG 及 FRITZ KASPAREK、HEINRICH HARRER。他們於 22 號啟程，其間不斷受到雪崩及滾石等多次的威脅，直至 24 號下午四點才安全地攻頂。那時他們已經力盡，無法從原路折返，於是冒著風雪從難度較低的西側下山。

　　他們攻上的路線被列為最經典的北壁路線，又稱為「1938 ROUTE」，需時一天至三天不等，從 1938 年直至 1952 年，便有九隊登山隊沿用此路線而成功。我們走經的 36 號道初段，就有一塊介紹這條經典路線的指示牌，說明沿線的特點。

　　隨著技術及裝備等改進，30 多條攻上北壁路線也陸續出現，由不同國家的登山者開創而成，較為著名有八條，詳見右頁的圖。至於最容易攻頂，就是從西側開始，需時四小時左右。

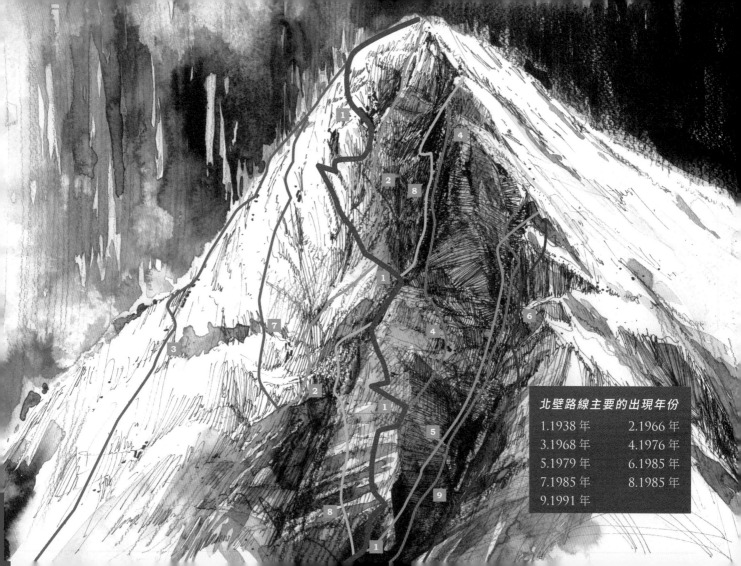

北壁路線主要的出現年份

1.1938 年　　2.1966 年
3.1968 年　　4.1976 年
5.1979 年　　6.1985 年
7.1985 年　　8.1985 年
9.1991 年

林間景色與先前步道截然不同

　　整段 36 號步道大致分為兩部分，前面兩小時都在起伏不大的路段；當走至一條洶湧的冰川瀑布，就是分叉點，也是最後階段，我們開始沿著之字小路下行，經過大片崩塌的碎石後進入樹林地帶。雖然在高高的樹木之間下行，艾格峰北壁依然高高在上，不時在林木綠葉之間俯視著我們。

　　用了 3 小時 10 分鐘走了六公里，終於抵達 ALPIGLEN 站，在這裡等候從客來雪德來的列車之際，我們也享用自己帶來的午餐，都是早上請旅館準備的，共有三份，每人一份，有麵包、雞蛋、蘋果、巧克力、能量棒等。（見右頁照片，我們還在車站前自拍。）

　　回到格林德瓦，車站職員送來一個大袋子，裡面有兩件較厚的防水功能外套，背面還印上「JUNGFRAU REGION」，JOSEF 說：「你們雖然有雨衣，但因為下午的登山路途遙遠，天氣變化較大，而且還要在山頂住上一晚，帶這件更勝過雨衣啊！」我們欣然接受這貼心的照顧，笑著說：「那我們明早就在菲特斯再見囉！」

左上：休息時的小插曲，在我們聊天之際，不知不覺間有十多隻牛走近，愈走愈近，最後 Josef 不得大聲地叫牠們走開，是穿著紅衣的 Josef 吸引牛群嗎？
左下：沿途有許多不同年紀的健行客，也有爸媽帶著小朋友來走。
右：抵達 Alpiglen 站，回頭仍可看到雄偉山景，再一次回味三小時走在北壁下的旅程。

Travel Note　　　　　　　　　　　　　　　　　艾格峰北壁的小展覽館

37 號步道後段會出現一個小湖，湖邊有一座房子（左圖），前身是鐵路換乘站，現已列為受保護建築，也是「艾格峰北壁的小展覽館」，旅客可入內觀賞攀登北壁的歷史等重要資料。此外，不妨細看湖邊的石塊，上面都刻有攀登北壁而意外死亡的登山者姓名及離世年份，就是為了向那群「為了達成征服北壁這個理想而喪生的英雄」致敬。右圖的石塊是刻上「1938 Mario Menti IT」（IT 是指義大利），最後一塊的年份則是 2010 年。

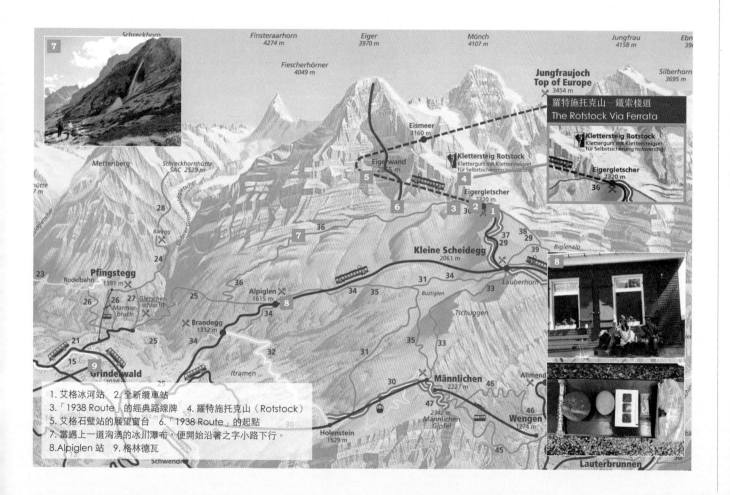

Schreckhorn

Finsteraarhorn 4274 m

Eiger 3970 m

Mönch 4107 m

Jungfrau 4158 m

Ebn 39

Fiescherhörner 4049 m

Silberhorn 3695 m

Jungfraujoch Top of Europe 3454 m

羅特施托克山－鐵索棧道
The Rotstock Via Ferrata

7

Eismeer 3160 m

Mettenberg

Schreckhornhütte SAC 2529 m

Eigerwand 2865 m

5

Klettersteig Rotstock
Klettergurt mit Klettersteigset
für Selbstsicherung notwendig

4

6

Eigergletscher 2220 m

3 **2** **1**

Klettersteig Rotstock
Klettergurt mit Klettersteigset
für Selbstsicherung notwendig

Eigergletscher 2320 m

36

28

Bäregg

36

7

37 29

38 29

Biglenalp

24

Kleine Scheidegg 2061 m

39

8

23

Pfingstegg

Rodelbahn 1391 m

26 26 27 Gletscher-
schlucht

Marmor-
bruch

25

36

Alpiglen 1615 m

8

34

31 34

34 35

Bustiglen

33

Lauberhorn

Tschuggen

21

15 **9** **Grindelwald**

25

Brandegg 1332 m

32

Itramen

25

35 33

31

30 **Männlichen** 2227 m

47 2342 m
Männlichen
Gipfel

46

Allmend

46 **Wengen** 1274 m

Holenstein 1529 m

45

Lauterbrunnen

1. 艾格冰河站　2. 全新纜車站
3.「1938 Route」的經典路線牌　4. 羅特施托克山（Rotstock）
5. 艾格石壁站的展望窗台　6.「1938 Route」的起點
7. 當遇上一道洶湧的冰川瀑布，便開始沿著之字小路下行。
8.Alpiglen 站　9. 格林德瓦

鐵索攀岩（Via Ferrata）
在垂直山壁上用梯子攀爬上去

　　官方地圖顯示 36 號步道有一條分叉線，仔細一看這條黃色虛線竟然沿著垂直山壁向上伸展，並有「一個人在攀爬梯子」的圖示，難道這也是一條步道嗎？難道要用梯子攀爬上去嗎？

羅特施托克山－鐵索棧道
The Rotstock Via Ferrata

艾格石壁站展望窗台

羅特施托克山
（Rotstock，2663 公尺）

3

2

1

1938 Route

起點在「1938 Route」
的經典路線牌子附近

左：鐵索攀岩的最後一段
右：成功登上羅特施托克山頂　（官方照片）

艾格峰前有一座只有 2663 公尺的羅特施托克山，看起來不太高，其亮點是採用鐵索攀岩這種特殊登山方法才能攀至最高點。

在山壁表面上打造出一條「鐵道」

「VIA FERRATA」是義大利文，「鐵之路」的意思，緣於第一次世界大戰，義大利軍在陡峭崖壁上開鑿道路以運送物資，後被改良成攀岩者的極限運動。現代的鐵索攀岩（VIA FERRATA）的技術和裝備已大大改良，主要使用鐵製的裝備，如 U 型扶手、橫檔和豬尾鉤等等鑽入岩石固定，另外搭配使用纜索、橋樑及梯子，總言而之就是在山壁表面上打造出一條「鐵道」。這個充滿挑戰性，而且又能看見獨特絕美風景的攀爬活動，絕對是充滿回味與難忘的經驗。據說世界上有約三百多條鐵索攀岩路線（VIA FERRATA），除了瑞士，還分佈在義大利、德國、法國、西班牙、美國及加拿大等。

幾道鐵造梯子牢牢固定在垂直的山壁上

羅特施托克山有一道約 260 公尺的「鐵之路」，稱為「THE ROTSTOCK VIA FERRATA」，起點在「1938 ROUTE」的經典路線牌附近，主要有幾道鐵造梯子牢牢固定在垂直山壁上，在 36 號步道上的旅客能遠望到它們。有點可惜當天梯子上一個人也沒有，我們無緣觀賞到攀岩者在山壁上攀岩的精彩畫面。

根據在網上搜尋到攀岩者的分享文章，「THE ROTSTOCK VIA FERRATA」屬於難度不高的級別，距離不長，很適合第一次攀爬鐵道的人（真的嗎？），甚至許多瑞士親子同行的組合，只要衣著恰當，配備完善，年紀大概小五、小六生也能挑戰。攀登者通常會自備野餐盒，在山頭上邊看風景邊享用。

梯子牢牢固定在山壁上。

這是就是 36 號步道。

上下：此鐵索攀岩之旅的最大挑戰就是要完成這幾道鐵造梯子。（官方相片）

延伸旅遊：瑞士的其他鐵索棧道

1.The Schwarzhorn Via Ferrat（少女峰地區）

　　少女峰地區還有另一條鐵索攀岩路線，就在 18 號步道（FIRST － SCHWARZHORN － FIRST），中途有一條分叉線，就是「THE SCHWARZHORN VIA FERRATA」，同樣需要攀爬梯子，目標是登上稱為 SCHWARZHORN 的山峰（2928 公尺），此行程需要預約攀登專家同行。

網站：grindelwald.ch

帕魯峰

佩爾斯冰河

2.Piz Trovat via Ferrata（恩加丁山谷地區）

　　此外，在瑞士國家旅遊局的網站輸入「VIA FERRATA」，便會找到瑞士較為著名的鐵索攀岩路線。「PIZ TROVAT VIA FERRATA」適合初學者，從第四章出現過的迪亞佛里拉峰觀景台（DIAVOLEZZA）展開，旅客需要走在陡峭的線路直至 3050 公尺處，再沿空中纜索橫跨峽谷，最後才抵達海拔 3146 公尺的 PIZ TROVAT，途中可欣賞到壯麗的帕魯峰（PIZ PALU）及佩爾斯冰河（PERS GLACIER）。

網站：www.engadin.stmoritz.ch

3.A via Ferrata paradise（英格堡阿爾卑斯山區）

　　第一章提及過的英格堡鎮（ENGELBERG），其火車站一邊可走到鐵力士山纜車站，另一邊還有一個纜車站 ENGELBERG（BRUNNI-BAHNEN），那山頭上有一個鐵索棧道樂園，內有幾條不同程度的鐵索攀岩路線，其中一條適合兒童，稱為 BRUNNISTOCKLI（見照片），上行需時 45 分鐘，下行為 25 分鐘。

網站：www.brunni.ch

4.Allmenalp via Ferrata（坎德施泰格 Kandersteg）

這是非常有名的鐵索棧道，途中需要經過數道繩索橋，最重點、最嚇人的是攀登者需要走在一個懸浮的通道上，然後攀上一架翻轉180度的梯子！不用多說，作為一般旅客的你和我，即使有攀登專家陪同，也千萬不要考慮。

網站：www.kandersteg.ch

翻轉 180 度的梯子

懸浮的通道

僅限於瑞士小孩？

還記得第四章的冰川健行，參加者年齡要求是「八歲以上」，當時我指出八歲以上便可以參加，僅限於「瑞士小孩」，同樣情況也應用在鐵索棧道上，所以最後要鄭重強調：適合兒童的鐵索棧道，很有可能僅限於「瑞士小孩」！

　　格林德瓦（Grindelwald）的菲斯特（First）是一處十分熱門的觀景區，可說是左邊山谷中的重點之最，整個旅程最後要挑戰的三項既刺激又驚險的設施，就是從菲斯特的山坡上飛衝下去！關於這處的旅遊規劃，先在這裡停筆，後面文章會再詳談。先說格林德瓦的周邊幾個較少人留意、卻又值得探索的地方。

格林德瓦的周邊幾個重點山頭

　　除了菲斯特，還有普芬斯蒂格（Pfingstegg，1391 公尺）、大夏戴克（Grosse Scheidegg，1961 公尺）、Waldspitz（1919 公尺）及布薩爾普（Bussalp，1792 公尺），都是格林德瓦的周邊幾個山頭，普芬斯蒂格跟菲斯特一樣，在小鎮上設有纜車站，至於後面三處則要搭乘格林德瓦巴士（Grindelwald Bus）。

　　一般旅客較少留意到格林德瓦巴士，其黃色車身與郵政巴士無論在顏色及外觀都很接近，讓人誤以為兩者屬於同一車隊。此地區性的巴士公司，在夏天有六條巴士路線，前往格林德瓦周圍的小鎮，例如葛倫德（Grund），以及上面那三個山頭。冬季時，部分路段因積雪而暫停，不過同樣提供六條路線接載旅客到高山上。

由於格林德瓦是著名旅遊區，其火車站雖然小小的，也提供 Express luggage 等運送行李服務，可即日內送抵目的地。

步出火車站的左邊便有一排排旅館、商店，我們曾經往在這裡，在房間陽台上可享受艾格峰景色。

開始進入繁華的購物街，照片中右邊的圓形建築物內有大型 Coop 超市，再走進去一點，還有 Migro 超市，很方便。

大批旅客在格林德瓦火車站下車，月台上列車班次的電子螢幕上，
就是菲斯特的美麗風景，像在提醒著大家，不少人已經迫不及待起
行，從這裡走到菲斯特纜車站，只需十多分鐘。

格林德瓦 Grindelwald
格林德瓦，是我們上一次住宿的據點，這次旅程的最後階段，
又回到這個讓我們有著更深刻且美麗回憶的山谷小鎮。

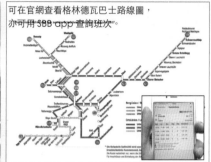

可在官網查看格林德瓦巴士路線圖，亦可用 SBB app 查詢班次。

這一大片空地就是格林德瓦巴士站。

往 Bussalp 的巴士在格林德瓦巴士站接載乘客，我們就是搭乘此車出發。（照片中是 61 號，現已改成為 126 號）

六條格林德瓦巴士路線接載旅客到高山

格林德瓦巴士站是最主要車站，全部巴士線均會停留於此或由此開出，就在格林德瓦火車站附近，步出火車站即可見到。

夏天的六條巴士路線有 121 號（Mannlichenbahn – Oberer Gletscher）、122 號（Gletscherschlucht –（Stutz）– Klusi）、123 號（Kirche – Itramen、Egg）、126 號（Grindelwald – Bussalp）、127 號（Grindelwald – Waldspitz）及 128 號（Grindelwald – Grosse Scheidegg – Schwarzwaldalp），每條路線的車程為數十分鐘，例如 126 號為 32 分鐘、128 號為 36 分鐘。

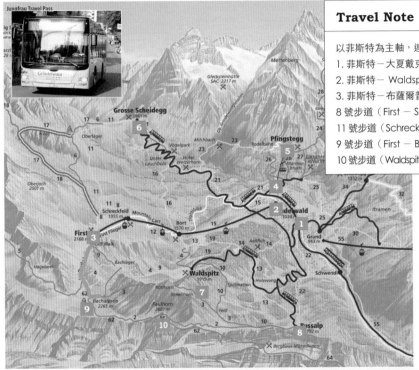

Travel Note

以菲斯特為主軸，連結其他觀景區的健行步道：

1. 菲斯特－大夏戴克：11+8 號步道
2. 菲斯特－ Waldspitz：9 號步道
3. 菲斯特－布薩爾普：9+10 號步道

8 號步道（First－Schreckfeld），30 分鐘。

11 號步道（Schreckfeld－Grosse Scheidegg），1 小時 15 分鐘。

9 號步道（First－Bachlager－Waldspitz），40 分鐘。

10 號步道（Waldspitz－Bachlager－Waldspitz），2 小時 10 分鐘。

1. 格林德瓦巴士站　2. 菲斯特纜車站
3. 菲斯特（First，2168 公尺）　4. 普芬斯蒂格纜車站（上圖）
5. 普芬斯蒂格（Pfingstegg，1391 公尺）
6. 大夏戴克（Grosse Scheidegg，1961 公尺）
7. Waldspitz（1919 公尺）
8. 布薩爾普（Bussalp，1792 公尺）
9. 巴克普湖（Bachalpsee）
10. 福爾山峰（Faulhorn，2681 公尺）
━━━━━ 1 號步道

　　從地理上來看，菲斯特、普芬斯蒂格、大夏戴克、WALDSPITZ 及布薩爾普都是互通，即是人們可透過步道往來，都屬於 76 條健行路線裡面，可在官方健行地圖找到。地圖的黑色線條是指纜車及格林德瓦巴士（各有圖示），同樣採用黑線，意思是持有 JUNGFRAU TRAVEL PASS 的話，這些交通都是免費。

以菲斯特為主軸連結其他觀景區的旅遊規劃

由於菲斯特相當受歡迎，加上居於這幾個山頭之間的中間位置，所以最常見的規劃方法有以下兩種。

第一，先搭纜車到菲斯特，在那裡的觀景台賞景並走完經典的 1 號步道（FIRST → BACHALPSEE → FIRST）；吃過午餐前往大夏戴克／WALDSPITZ／布薩爾普（三選一），行走 11+8 號／9 號／9+10 號步道，最後坐 128 號／127 號／126 號格林德瓦巴士，返回格林德瓦。

第二，就是相反的走法，先在格林德瓦乘搭 128 號／127 號／126 號格林德瓦巴士（三選一），抵達大夏戴克／WALDSPITZ／布薩爾普，開始行走 11+8 號／9 號／9+10 號步道，抵達菲斯特；吃完午餐才走 1 號步道，最後可坐纜車返回格林德瓦，或是挑戰「三項既刺激又驚險的設施」，當你安全順利挑戰完，已經回到格林德瓦了。

持有通票可免費搭巴上嗎？

很多人關心，JUNGFRAU TRAVEL PASS 及 SWISS TRAVEL PASS 是否適用於格林德瓦巴士？前者是「適用」，後者卻是「不適用」，千萬別誤以為全國各地的地區巴士都適用於 STP。查看其他旅客的分享，數年前，STP 的確是「適用」於格林德瓦巴士，不過最近兩年改變了，請大家注意。坐 126 號往布薩爾普，單程票價為 24 瑞郎。

普芬斯蒂格（Pfingstegg）位於格林德瓦之上，可把整個山谷景色盡收眼底。

坐在滑車上觀賞風景肯定能帶來另一種視覺享受，滑道於每年五月至十月開放，全長 736 公尺，下降垂直高度差達 58 公尺，滑車速度可達到每小時 40 公里，男女老少都會興奮不已，四歲以上的兒童在大人陪同下便可以使用！

從這裡走 26 號步道，約一小時的下坡路，可輕鬆回到格林德瓦。

info
格林德瓦巴士：www.grindelwaldbus.ch
普芬斯蒂格：www.pfingstegg.ch
格林德瓦旅遊局：grindelwald.ch
Bussalp 高山餐廳：www.bussalp.ch

逆行登上福爾山峰

126 號巴士帶著我們，繞上小鎮附近的高山處，車程只需32 分鐘，便抵達布薩爾普（Bussalp）。有幾條上行及下行的步道從這裡延伸出去，居於山崖邊的 Bergrestaurant Bussalp 高山餐廳正好成為旅者的中途休息站。

餐廳後方是又長又斜的山坡，只見三三兩兩的旅客散落各處，都正在緩緩下行。而我們則要逆行而上，展開登上福爾山峰（Faulhorn）的行程。

RESTAURANT 1800 m.s.

　　登上福爾山旅館（BERGHOTEL FAULHORN）的旅程，暫且放下，先跳到第二天早上，告別福爾山旅館後，我們在菲斯特（FIRST）以挑戰三項刺激驚險玩意，作為整個旅程最後的環節。

走在懸崖步道觀看壯觀景色

　　上文已出場的 JOSEF ERNI 在菲斯特與我們會合，此次是第二次造訪菲斯特，感覺依然很新鮮，不過同樣遇上不太好的天氣，想來這山頭很期盼我們第三回之行。這一帶就像開放式的高山樂園，規劃了多種讓人大呼小叫的體驗，近年才落成的天梭菲斯特懸崖步道（FIRST CLIFF WALK BY TISSOT），全線沿著蜿蜒的峭壁打造，包含 40 公尺的吊橋、突出於峭壁 45 公尺的觀景台以及斜坡式走道等，步道一側連接旅館和餐廳。

菲斯特的大眾化與深度旅遊規劃

　　接下來要談談關於菲斯特的旅遊規劃，最大眾化的安排：登上菲斯特觀景台賞景＋行走 1 號步道＋觀賞巴克普湖（BACHALPSEE）＋折返菲斯特並吃午餐＋挑戰三項刺激的玩意或坐纜車回到格林德瓦。

　　至於深度的規劃，就是以行走 2 號步道為主：登上菲斯特觀景台看看景色＋行走 2 號步道（包含 1 號步道）＋在福爾山旅館吃午餐並觀賞 360 度的景色＋下行至布薩爾普（BUSSALP），最後搭 126 號巴士回到格林德瓦。

上：走在沿著山壁而建的懸崖步道，除了留意山谷景色，懸崖上佈滿的各類岩石，岩層和縫隙也是亮點。
下：我們要挑戰的三項刺激驚險的玩意，全部通關後，可以直接回到格林德瓦。

往菲斯特方向

再訪巴克普湖

　　清晨開始一直下著大雨，我們從福爾山旅館開始走下坡路，不久便抵達超人氣的巴克普湖，群峰倒影在湖泊上的迷人景色雖然落空，但我深信總有一天，必會看到的！

往福爾山旅館方向

天梭菲斯特懸崖步道

　　在友樓的懸崖步道散步，一邊想像著晴朗時，定可將山脈、草原、谷地等壯觀景色清晰地一覽而盡；另一邊也要感謝天氣不佳，雖然沒有湛藍天空搭配高山景色，但凝視著一片片在低空中飄浮的雲朵，遠望著群山在濃霧之間偶然露出半面，也有幾分騰雲駕霧之美妙。

從菲斯特往下走的三條步道

　　菲斯特與格林德瓦之間的六人座纜車，包括 FIRST → SCHRECKFELD → BORT → GRINDELWALD 這四個纜車站，全程約 5 公里。如要健行的話，分為三段下坡路，就是走 8 號步道（FIRST → SCHRECKFELD，30 分鐘）、12 號（SCHRECKFELD → BORT，50 分鐘）及 15 號（BORT → GRINDELWALD，70 分鐘）。

三項挑戰的劃分及價錢

　　除了懸崖步道，菲斯特還有其他玩法，就是本文重點的三項玩意，也是根據上述三段路劃分，（一）菲斯特飛渡椅：FIRST → SCHRECKFELD；（二）高地卡丁車：SCHRECKFELD → BORT；（三）滑板自行車：BORT → GRINDELWALD。收費分別為 29 瑞郎、19 瑞郎及 19 瑞郎，另有不同的購票組合。

　　因此，旅客可彈性選擇其中一、兩項，然後搭纜車下山，或是完全不搭纜車而挑戰全部。順道一說，SCHRECKFELD 及 BORT 這兩個纜車站均有餐廳，旅客可中途休息和享用美食。

❶菲斯特飛渡椅（First Flyer）

　　飛渡椅，俗稱高空飛索，其「起飛站」在纜車站旁的平緩山坡上，不遠處也是飛行傘的起飛點。這次已不是我們在瑞士首次體驗飛渡椅，前作曾介紹在少女峰觀景台下方的冰雪樂園，亦可玩到飛渡椅，真是相當好玩的體驗。說回這裡，通過閘口後，體驗者便要閱讀及簽署一份安全須知文件（提供中文版本），上頭詳列三項活動的安全注意事項，至於體驗者分別有些限制，飛渡椅只限體重於 35 與 125 公斤之間的旅客，卡丁身高度至少 135 公分，滑板自行車身高至少 125 公分。

　　刺激又好玩的飛渡椅，可體驗到如老鷹俯衝般的快感，採用一人一座方式，每次最多四人。工作人員在我們三人身上綁上安全繩索，便可坐上飛渡椅。等候打開閘門的那片刻，望著即將衝往下方的纜車站，心情不由得變得特別緊張。當柵欄開啟時，整個人瞬間衝出，興奮地大叫起來，以時速 80 公里高速衝下去，接著全程享受著眼前完全無遮蔽的特別視野景觀，800 公尺直線距離僅費時 1 分鐘，刺激過癮！

上及下：我們在 Bort 站餐廳享用午餐。

上：體驗者需要閱讀及簽署安全須知文件。下：飛渡椅的「起飛站」。

菲斯特飛渡椅 First Flyer
飛渡椅距離下方的草坡有 50 公尺，以 27.9％的平均坡度一路疾馳而下。
最後提示：凡有心臟病、高血壓等的旅客千萬不要參加。飛行時要將身體重心往後，著地時腳要翹高就能減少受傷機會！

高地卡丁車 Mountain Cart
旅客坐上卡丁車，距離地面僅數公分，寬輪胎可確保車身平穩，將雙腿置於前輪處踏板上，雙臂抓緊把手。一路上沿著高山牧場駛下去，全長 2.8 千公尺的山路。

❷ 高地卡丁車（Mountain Cart）

想繼續體驗腎上腺素飆升嗎？步出飛渡椅站，事不疑遲戴上安全帽、跳上卡丁車。駕駛卡丁車的難度不高，應該不難上手。20 分鐘的車程，整段下坡車路是循著蜿蜒的山坡滑行至 BORT 站，最快滑行速度可達到時速 30 公里，部分路段比較陡坡，涼風吹過，也感到刺激。

❸ 滑板自行車（Trottibike）

只要克服最後一關，就可以完整挑戰成功，BORT → GRINDELWALD 的高度差距為 536 公尺，是三段中最長的一段，全長 3.5 千公尺的山路。這一關是最多人輕視的，表面是一般的滑板車，跟卡丁車一樣，只有向前滑和煞車的簡單操控方法，最大危機是滑板車路一開始便進入斜坡，所以十分講求平衡力，而且沒有平緩路可以熱身，然後一直在下坡路快速繞下去，末段的最後高潮是併入行車路，需要時時注意來往的車子，直至滑行到格林德瓦纜車站，交回車子才達標！

這次全拜 JOSEF 的仔細指導，點出幾個要訣，雖然一開始我也因速度太快滑倒，而導致皮破血流，但在四分一段後，我們已經上手了，一路上順暢地滑行，惬意地欣賞沿途風光，中途停下來的次數越來越少，最後的行車路上也應付得很好，安全地抵達終點！

體驗滑板自行車的要訣：
1. 滑板車的兩邊煞車，一開始雙手必須用力握住，防止車子在斜坡上快速加速而失控。
2. 切勿緊急煞車，以及煞車時要先煞後、再煞前，否則極容易翻車。
3. 初段要慢行，讓自己逐步掌握。
4. 轉彎時，一定要減速。
5. 行駛期間千萬不要拍照，容易失去平衡，十分危險！

1. 體驗卡丁車與滑板車，都需要載上安全帽。2. 職員說明操作卡丁車的方法。3. 滑板自行車的起點，從這裡開始一直在下坡路上滑行。
4. 轉彎時，務必減慢速度。5. 當駛到行車路，也是最後一段。6. 我們終於順利回到格林德瓦纜車站，圓滿地挑戰成功三項驚險刺激的體驗了！
7. 格林德瓦站的纜車把一架架的滑板自行車運輸到上方，讓下一批旅客使用。8. Josef 在火車站送別我們，感謝他悉心的導覽。

　　緊接上文，接載我們來到布薩爾普（BUSSALP）的 126 號巴士，在大批旅客魚貫地上車後，轉眼間繞著山路回去了。在眼前迎面而來的只有一道面積廣闊、長長的山坡，山坡上某個山頂的最高點應該就是我們期待的高山旅館。抬頭放目遠眺搜尋，就在天際的右方角落裡，在一座圓圓的山頂上好像有一座建築物，馬上與腦海中看過資料相片比對一下，便知道就是終極目的地！

1. 艾格峰北壁　　2. 格林德瓦（Grindelwald）　　3. 菲斯特（First）　　4. 布薩爾普（Bussalp）　　5. 福爾山峰（Faulhorn）

絕對上坡路的三小時爬行

我們隨即開始爬上這條 2 號步道，只見步道指標寫著往福爾山峰（FAULHORN）的時間為 2 小時 45 鐘，雖然心裡早有個底，當實際來到現場，自己也不由得深深吸一口氣才起行，這一程絕對上坡路的 3 小時爬行，從 1792 公尺的布薩爾普走到 2681 公尺的福爾山峰，大約 900 公尺的高度。

高山旅館最讓人嚮往的美妙經驗

一邊在山坡上慢慢上行，一邊開始思索此行的目的。目的不是為了完成 2 號步道，登上福爾山旅館（BERGHOTEL FAULHORN）才是真正目的。高山旅館往往最令人嚮往的美妙經驗，就是能觀賞到一望無際的廣闊景色。與我們坐宿過的特呂布湖博格旅館（第一章）及 BERGGASTHAUS MOSTELBERG（第二章）的最大分別，就是這座是完全座落於山頂上，因此呈現於眼前的，豈只是正前方，而是 360 度少女峰地區的日落與日出絕美景色。

不見得隨處在某某山峰上找得到的高山旅館

第二，瑞士的高山旅館數量如天上繁星，超過百年歷史也很平常，不過隨著歲月的流逝，許多百年旅館早已重新裝橫和大幅擴建，邁向現代化、舒適化、精緻化之路，以滿足 21 世紀的旅客，上文介紹過的皮拉圖斯山及瑞吉山均有百年歷史的高山旅館，同樣早已完成修建工程。

時至今日，能夠讓人在一所仍維持百多年前模樣的古老旅館裡面住宿一夜，到底還有多少呢？當然不見得隨處在某某山峰上找得到，福爾山旅館就由內到外都維持在百多年前的模樣，因此「360 度少女峰地區的日落與日出絕美景色」＋「真正百多年前的古老旅館」混合而成的獨特高山住宿體驗，就是此行的雙重意義了。

上：山坡前的健行指示牌，寫著往 Faulhorn，需時 2 小時 45 分鐘，至於由上而下，則只需 1 小時 45 分鐘，這是上坡路與下坡路的差別。
下：3 小時完全的上坡路，踏出第一步！

圓點就是終極目的地，站在巴士站遠望，好像距離不長，實則需要 3 小時。車站上的健行者都是搭這台巴士下山，只剩下我們。開始上山時，天空仍是一片明朗。

往福爾山的兩條步道

　　登上福爾山峰路線的重點是沒有任何登山纜車或齒軌列車，大致上只有兩條步道抵達。

（一）最多人走的 2 號步道

　　路線一：2 號步道（FIRST → BACHALPSEE → FAULHORN → BUSSALP），需時 4 小時，是最多人走的路線。這也是熱門的 1 號步道（FIRST → BACHALPSEE → FIRST）的前三分之一段，當日我們就是抵達巴克普湖（BACHALPSEE），才發現後面的路可以走到福爾山，並認識百年高山旅館的種種，最終就促成了這次行程。

　　從 FIRST 開始走的話，是比較輕鬆易走的方向，「FIRST → BACHALPSEE」是一段幾乎平坦大路，約 40 分鐘；「BACHALPSEE → FAULHORN」，開始走上坡路，從 2265 公尺的 BACHALPSEE 爬行至 2681 公尺的 FAULHORN，是整條 2 號步道最辛苦的路段，約 1.5 小時。「FAULHORN → BUSSALP」便是一直的下坡路，2.5 小時。

（二）最長時間的 62 號步道

　　路線二：62 號步道（SCHYNIGE PLATTE → FAULHORN → FIRST），需時 6 小時 10 分鐘，是官方六大推薦步道之一。「SCHYNIGE PLATTE → FAULHORN」佔去整條 62 號步道的六成，雖然沒有實際走過的經驗，但根據官方的資料及其他人網路上的分享等，略可知道這段不難走；至於後面四成路程，就是 2 號步道。因此，步道的最大挑戰就是預計要走 7 小時以上，以及需要大量體力。

左：輕輕鬆鬆的下行健行者，可正面欣賞到谷地及廣闊群山景色
右：逆行而上的健行者一步一步走上去

逆轉思考，向難度挑戰

經過一輪的分析，回到我們的決定。首先刪除 62 號步道（雖然我們滿有興趣），因為中午後才完成艾格峰步道，假設緊接著搭火車到徐尼格觀景台（SCHYNIGE PLATTE）才出發，時間就會變得十分匆忙。

至於 2 號步道，「FIRST → BACHALPSEE」這段路我們曾走過，不想重覆。因此逆轉思考向難度挑戰，從布薩爾普啟程，走 3 小時上坡路登上福爾山峰，雖然辛苦，但第二天的「FAULHORN → BACHALPSEE → FIRST」則變得輕鬆，因為全程都是走下坡路。

我們的推薦

當你閱讀本文後，有興趣前往巴克普湖及福爾山峰的話，建議大家行走 2 號步道（FIRST → BACHALPSEE → FAULHORN → BUSSALP），將文字及相片記錄倒轉過來就是了。

歸納三大重點

結果，我們花了 3 個多小時抵達目的地，比起 2 小時 45 分鐘的標準時間沒有超出許多，歸納出三個要點。第一點：基於全段 3 小時都是上坡路，我猜想很多人都把它列為「不受歡迎」，因此上行途中，遇見的健行者通通都是下行的，上行的一個也沒有。雖然中途休息的次數比較多，但是這條長長的山坡上只有我倆孤身上行，不知為何在心裡泛起一種「正在做著一件引以為傲的事」之感。

完全是一場考驗腳力的大挑戰

第二點，平心而論，整段上坡路並不屬於「難走的級別」，全都是小小的碎石路，只是 3 小時持續走在上坡路上，完全是考驗腳力的大挑戰！

一盞明燈在高高在上指引著

最後一點，亦讓我對這上坡路改觀不少、放心許多。全因一開始在布薩爾普已經遙望到高山旅館，雖然只是隱約地看到旅館縮小成微小的黑點，但已經足以帶給健行者很大的安全感，仿如有一盞明燈在高處指引著。只需要一直朝著那小小的黑點上行，即使中途天氣出現極端的變化，濃霧籠罩整個山坡，能見度變得很低，我們也能憑著記憶，以及沿途石塊上的步道標誌，走到旅館的機會也相對高一點。

天變了，烏雲湧現，開始下雨了，大家紛紛穿上雨衣。

風雲驛變

　　在一半的路段以後，我們再也沒有遇上任何下行的人，大概大家要趕在下午 5 點前後下到布薩爾普，搭上末班的 126 號巴士。從那一刻開始，整個山坡只剩下我們了。

　　高山的天氣變化，總叫人意想不到。JOSEF 借給我們的厚防水外套終於發揮作用。一開始只是小雨，很快變得越下越密，雖然未至於傾盤大雨，但足以迫使山坡上的每一位健行者馬上穿上雨衣。

　　期間，一位下行者跟我們打個照面，問道：「你們要往哪兒？」我們說出目的地後，他好心地說：「很大雨，要加倍小心啊！」我們向這位最後在山坡上遇見的健行者道謝，便繼續小心爬行。（照片中的大量小白色點並不是雨水。）

起初，Jackman 還是站在山路上，等待冰雹下完……

打在身上都是冰雹

事實上，健行者對於途中遇上下雨，都不會覺得是什麼稀奇事，一如平常繼續前行，可是遇上冰雹落下又會怎樣呢？

我們也不記得是什麼時候，只記得突然其來感到雨水打在身上的力度變得不一樣、變得很有力量，並感到有點痛，原來打在泥土上、打在草坡上、打在身上的都是許多許多的小碎冰粒！

天不斷下著冰雹，這頭牛完全視若無睹，在小路上惬意地散步中。

「哇，竟然落下冰雹啊！」因為第一次在高山健行時遇上冰雹，很新鮮的體驗，還感覺很驚喜！

沒料到，冰雹的數量及密度越演越猛，心裡有點驚但也保持冷靜，一方面整片山坡根本沒有任何遮蔽之處，另一方面快步逃避更加容易滑倒，我們只好蹲下，低頭下來，默默期盼這場冰雹不會一發不可收拾，能夠儘早停下來。

冰雹打在身上產生的痛楚還是不能小看，不久他也蹲下來。

一邊默默等待這場冰雹完結之時，
一邊也祈求千萬不要降下更大體積的冰雹！

煥然一新的清爽氣息，美妙極了！

　　驟然密集式降下來的一場冰雹，幸好冰雹體積一直維持小小的碎冰粒，沒有變大如乒乓球，否則後果不堪設想。我們在草坡上低頭蹲下，默默的等待和期盼，大約 7、8 分鐘後，冰雹漸漸停下來。

　　這場雨、這場冰雹把整個山坡洗禮，瞬間充滿著煥然一新的清爽氣息，美妙極了。頭頂的一片天還是黑黑沉沉，回頭一看另一邊群山的天空卻是清澈明亮，感覺我們遊走在兩個截然不同的世界之間。

往 Bachalpsee 及 First 的方向

往 Schynige Platte 的路

繼續前行，終於爬行至一處平緩之處，也是 2 號步道與 62 號步道的交叉點，算是一個十字路口位置，左邊是往 SCHYNIGE PLATTE 的路，右邊則往 BACHALPSEE 及 FIRST，而前方的最後一段山坡路，就是登上終極目的地。路邊的健行指示牌，寫著走至各個地方所需的時間，「FAULHORN」則寫上「25 分鐘」。

懷著心花怒放的雀躍心情走至終點

　　從看起來體積只有小黑點的旅館開始啟行，3 小時的爬行逐步、逐步拉近距離，一場冰雹更讓此行倍添回味之處，百年旅館真面貌終於揭開面紗，若用「喜極而泣」來形容終點在望的心情未免誇張一點，但用上「心花怒放的雀躍心情」卻真的非常貼切！

抵達福爾山旅館（Berghotel Faulhorn）時已接近傍晚 6 點，不留宿的旅客早已下山遠去，旅館四周空無一人，一片靜悄悄的氛圍，心裡猜想著這個晚上到底有多少人留宿呢？

日間旅客與住宿旅客

據說每日在早上 10 點前後，一批又一批旅客就會陸續來到看看景色、吃東西，最遲在下午 3、4 點就要離開，趕上末班交通工具下山；至於住宿旅客就像我們一樣，通常在傍晚時候才抵達。

容易掌握整個地形

這裡的範圍不算大，大致可分為左右兩組建築物，每組由不同高度的房子連接合併而成，中間有一條不長的階梯可登上最高點的觀景平台，然後平台兩端各有小路繞回到旅館，旅客隨意走一走，很快就能掌握整個地形。

餐廳內坐滿住宿旅客

左邊那一組建築物是餐廳，也是辦理入住手續的地方，未打開門，已聽到裡面傳出人聲鼎沸，入內一看四人桌子及六人桌子各有幾張，都幾近坐滿，整個空間比想像還大。各張桌上都擺滿著食物和飲料，住宿旅客在高興地聊天著。

每年六月到十月底營業的旅館

旅館只在每年六月到十月底營業，在這期間的訂房方法只有打電話直接聯絡旅館經營者（因為山上職員無法接收電子郵件），至於其餘月份，旅館經營者就會回到山下，旅客便可透過 EMAIL 訂房。我們在四月便利用 EMAIL 訂了一間雙床房。

左：白天的高峰時段，旅館戶外用餐區會擠滿旅客，傍晚來臨前，他們便已下山去。右：照片中男子站在餐廳門口，裡面坐滿住宿旅客，一片熱絡氣氛。

此時此刻，四周群峰的色彩變得柔和，心裡份外平靜，我們跟
其他住宿旅客一樣，默默等待日落景色的來臨。

福爾山旅館 Berghotel Faulhorn

旅館正面是朝向少女峰地區整排的連綿群峰景色，相反方向，最靠近的景色是因特拉肯鎮、布里恩茨湖、圖恩湖，然後伸延出去數不盡的重重群山，可遠至伯恩（Bern），就是登上此山可觀賞到的 360 度終極景色。

光線暗淡的室內，異常寧靜的氣氛，
走廊盡頭是提供 30 個床位的兩間房間

❶ 提供住宿的建築物真正建於 1830 年

　　這座古老旅館位於 2681 公尺的山頂上，四周沒有任何交通工具，水源、電源等各種資源也很缺乏，也造就這次獨特的住宿體驗。旅館有左右兩組建築物，右邊一組幾座房子是提供住宿的地方，真正建於 1830 年，是瑞士第二古老的山頂旅館。至於集合餐廳、廚房等的左邊幾組房子，則建於二次世界大戰之後。瑞士第一間山頂旅館其實是琉森瑞吉山的山頂旅館，比這處還早 15 年，可是它早已完全重建，成為一間現代化的山頂旅館。

入內脫鞋、光線暗淡

　　我們辦好手續，隨著職員帶我們走進 180 多年歷史、大致仍維持原始面貌的旅館之內。為了好好維護古老地板，首先在入口處需要脫下鞋子，才可繼續深入。據我觀察室內至少有三層，不過旅客的住宿空間（可走動的空間）只有其中兩層，其餘是員工使用。節省電源的緣故，室內較為昏暗，可讓陽光灑進的窗子不多，不過室內的一、兩盞小小照明燈已經足夠。也因為光線暗淡的原因，大家走動時都保持十分安靜。

不分男女的 30 個床位

　　整間旅館內部的地板、牆壁、頂部、樓梯都是木造的，總共提供 30 個床位及六間雙人房，床位座落於入口處的同一層，分布在兩間大房間內，不分男女，每人有兩張毯子，價錢含早餐為 49 瑞郎。

只有一個男女共用的洗手間與無法洗澡

　　忘了一說，洗手間也在這一層，就在入口處，只有一個，而且男女共用。由於水源十分有限，住客都無法洗澡。另外還有一個共用洗手間，位於外面，主要是給日間旅客使用，需要另外付款。

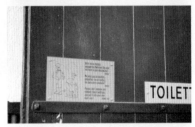

上：推門進入提供住宿的內部，階梯最上方是觀景平台。中：給日間旅客使用的洗手間，需付 1 瑞郎。門前貼有手繪插畫，說明山上的廢水等都要依靠直昇機運走。下：黃色牌子提示大家請帶走自己的垃圾，不要留在山上。

❷ 六間沒有門鎖的舒適雙床房間

六間雙床房間則位於樓上，需要爬樓梯，每次走在木造樓梯時，我們都會特別放輕腳步，生怕發出聲音影響到其他住客。房間雖裝上鐵造門鎖，但職員沒有給予鑰匙，他說出入時自行推開和關上就可以（我猜想古舊門鎖應該有百多歲，早已「退休」了！）。

裡面就像傳統瑞士木屋一樣，長方形房間雖然狹窄但空間很足夠，盡頭有一道窗子，溫暖陽光灑進房內，感覺很舒服。這道窗子的位置其實就是旅館正面，窗外自然是一望無際的動人山景。

木造傢俱與兩個開口水壺

房間的兩邊木板牆有點不平整，是地形所致嗎？特別的視覺效果感覺有趣。左邊有兩張單人木床直線排列，床上有看起來非常溫暖的棉被軟軟地捲成一團。右邊有小沙發、椅子、收納櫃、兩張小桌子等木造傢俱。

靠近窗前的小桌子上，放置十分重要的東西，是兩個開口水壺，裡面所盛裝的水，飲用、洗手、洗臉等都全靠這些水了，另外有一個白色臉盆及兩條毛巾。之後在餐廳吃晚餐時，我們還跟櫃檯要了一些熱水，裝入我們的保溫壺中，由於身處如此資源匱乏的環境，所以那些熱水需要收 4 瑞郎，我們很理解，並樂意付款。包含早餐的雙人房收費為 160 瑞郎。

非常傳統的瑞士木床

房間的各種木造傢俱，最需要特別愛護的就是那兩張木造床，表面上看來與我們常看到木床沒有兩樣，不過根據網頁介紹，房間的用具及傢俱等都隨著百多年的歲月流逝而更換，唯一沒有更換、從一開始到現在依然「健在」的就是這兩張木床了！

左上：棉被軟軟地捲成一團。
左下：窗外的景色。
右上：房間的另一邊。
右下：退休的鐵造門鎖，成為房間的裝飾品，添上懷舊味道。
下：兩個開口水壺、一個白色臉盆及兩條毛巾。臉盆也是我們日常生活中較少出現的物品。

❸ 四代辛苦經營百年老旅館

　　在網路上找到關於福爾山旅館的英文紀錄不太多，我整理有限資料，大致是這樣：旅館於1830年開始在這山頂上服務旅客，其間曾有一些鐵道或纜車公司籌備從 GROSSEN SCHEIDEGG 到 FAULHORN 或是從 SCHYNIGE PLATTE 到 FAULHORN 的纜車或火車路線，可惜最終失敗。

未能列為「受保護的歷史旅館」

　　1930年，旅館由 GARBANI-MANGOTT 家族購入（找不到更早期的經營者資料），目前由此家族第四代的 CHRISTIAN GARBANI 負責經營。CHRISTIAN 接手前的十多年，隸屬保護歷史建築的政府機構有鑒於此旅館具有獨特的歷史意義，開始與此家族商討把它列為「受保護的歷史建築物」，提出一些條件，並答應會支付部分維護經費；然而家族本身亦有一些想法和堅持，結果至今還未成事。

日以繼夜迎接登上此山頂的每位客人

　　晚餐時，我們趁著 CHRISTIAN 百忙之間聊了一會兒。他在數年前帶著妻子和女兒正式接手，一方面努力經營這門「家族生意」，一方面維繫及堅守這座富有意義又美麗的百年老旅館。目前有十多名員工，每年六月初他們搬到這裡一起生活、一起工作，就像一個大家庭一樣，日以繼夜地接待登上此山頂的每一位健行者及過夜旅客，然後在十月結束旅館工作，下山好好休息以及開始忙著其他事情。這幾年接待住宿旅客人數也穩定增長，每年平均達到2700名。

左及中：畫家筆下的最早期福爾山旅館（官方照片）。右：旅館經營者 Christian Garbani 與 Jackman 合照，分享經營旅館的樂與苦。

❹ 迫在眉睫的水源問題

電燈、電力發動的設備可依靠太陽能板或發電機，只要節約使用，電源問題比較容易解決，水源才是最大問題，CHRISTIAN 這樣說道。

在他接手初期，旅館只是使用兩大、一小型木桶收集雨水和融雪水，最近還添置大型儲水鋼罐，全部木桶及鋼罐的總容量大約 5 萬 5 千公升，不過下雨較少的日子，水源就會變得緊絀。

透過液壓泵機械將水運輸到旅館

此外，在其父親經營的時期，他構思出一個很棒方法，在距離山頂約 80 公尺下有一個小冰川湖泊，透過液壓泵機械就能每分鐘抽取 6 公升的水再運輸到旅館，每天最多抽取量為 3 千公升，就足夠日常使用。假使溫度低於冰點時，便無法使用液壓泵機械，那時候他們只能依靠儲備的水。

這個小冰川湖泊延續這間百年老店的生命，我們行走最後一段上坡路時便會經過它，從山頂俯視下去亦會看到，原以為只是一個小小的湖泊，沒想到它的重要性竟然這麼大。我們對話的最後，CHRISTIAN 苦笑地說：「因為暖化問題，那湖泊也漸漸縮小，目前我們還未想到解決水源的新方法。」

上：大型木桶及新添置的儲水鋼罐。　左下：小型木桶，就在住宿處入口旁。
右下：另一個大型木桶，位於餐廳前方。

小冰川湖泊一直延續著百年老店的生命，
可惜，它亦步入了最後階段。

每周一次的直升機宅急便，送來新鮮食材和日用品，也運走垃圾與廢水，好讓旅館每天如常招待旅客。

❺ 直升機宅急便

沒有纜車也沒有火車連接此山頂，物資運送全靠直升機，直升機每周飛來一次，我們很幸運地能遇上。第二天早餐後，旅客們紛紛聚在餐廳外面的平台，等待觀賞這一幕直升機宅急便的瞬間表演。

可回收物料送到山下再處理

只見 CHRISTIAN 頭頂載著設有無綫通話器的頭盔，一邊與直升機駕駛員對話，一邊指揮員工。運走的東西，包括垃圾、回收的塑膠瓶與啤酒瓶、以及一個儲放廢水污物的大型箱子等，通通已分類整理好再用網狀麻繩固定，全都會運送到山下處理及過濾。總共有兩大堆需運走的東西，所以這天直升機會飛兩趟。

直升機是從位於 WILDERSWIL 站附近的因特拉肯基地飛來，屬於 SWISS HELICOPTER 直升機公司，全國有 14 個基地。不一會兒，從山谷傳來直升機的響亮聲音，引起眾人的注視，紅色直升機吊著一大堆東西飛近，那是接下來的一星期旅館所需的新鮮蔬果、肉品、飲料、啤酒、紅酒及日用品等。

整個過程才一分半鐘

直升機在半空盤旋不動時，CHRISTIAN 等人極快速地收下送來的東西，緊接地掛上運走的東西，整個過程才一分半鐘，直升機便飛回基地。然後大家分類把東西送進廚房和其他地方。直升機在基地放下東西後，又回來送上第二批東西，並運走最後一堆垃圾，便完成整個宅急便的任務了！

1. 使用網狀麻繩固定運送的物品。2. 直升機先放下送來的東西。3. 載著頭盔的是 Christian，與直升機駕駛員對話，確保接送過程順利。4. 直升機開始運走垃圾等東西，上方是儲存廢水污物的大型箱子。5. 直升機飛回基地放下垃圾，然後又送上第二批東西。6. 大家馬上把東西送到廚房等地方。

❻ 匯聚全部旅客的地方

傍晚六點多的餐廳已經匯聚了大部分住客。隨意一看，除了一家數口的住客，也有兩、三個家庭相約一起來旅行，甚至帶著一、兩歲嬰兒，最為熱鬧；像我們一樣的夫婦二人組合也有好幾對，都在靜靜地聊天。

今晚住客都聚在一起

不久，最後一批住客終於來到，他們打開木門走進餐廳，大家不期然望一望，用歡迎眼神看著這群 6、7 個 20 多歲年青人，滿臉興奮地在角落的長桌子坐下來。他們全都穿著雨衣，一看便知道途中遭遇上什麼天氣。這麼一來，今晚住客應該都來了，人數也有八成，若是天氣更好的晚上，定必會是全館爆滿。

遇上投緣的人

與我們同桌的一對 70 多歲的老夫婦 Werner 和 Helen，他們居住在因特拉肯東附近的小鎮，與這百年旅館一年一會，每年會健行到此並且住上一個晚上。這真是緣份，他們很熱情，接下來在這山上與下山的時光，很多時候我

們都是與這對常掛著笑臉的長輩一起，聊著這裡的各樣美好事情。

此行比起以往任何旅程多了一重特別意義，就是拿著自己的作品，跟當地人分享「屬於他們」的故事、畫作及相片。Werner 和 Helen 對於我們的旅程及創作很好奇，看著他們二人輪流地、逐頁地仔細地翻看整本書，真是感動不已！

等待日落的黃金時刻之來臨

由於新鮮食材不是每天可以運送到，餐廳只能供應兩、三道比較簡單晚餐款式，其中一道為起司通心粉，雖然只是普通的菜式，我們也吃得津津有味。晚餐提供時間由六點至七點半，不過營業會直至晚上十點。晚餐後，通常整間餐廳都會空空如也，大家都走到觀景台，等待日落的黃金時刻來臨！

1. 我們與 Werner 和 Helen 合照。2.Werner 分享手機裡這幾天他們在這山區拍下的照片，我倆一邊看一邊嚮往不已。3. 旅館提供的晚餐起司通心粉。

餐廳內會張貼每天的日出及日落的時間，方便旅客查看，聽說昔日職員在這兩段時間還會敲鐘提醒旅客。
看過日落景色，有人會回去休息，也有人繼續在餐廳把酒言歡，大談人生樂事，直至打烊。

在山中小屋暫避惡劣天氣

下山途中有兩間小屋，我們曾入內暫避風雨，第一間出現於下坡路，就是本頁照片。

1.2. 小屋裡面。3. 我們在小屋裡休息了幾分鐘，沒有等待雨勢變弱便繼續前行。4. 位於巴克普湖的第二間小屋，從那裡開始便一直是平坦大路。

❼ 從福爾山飛快走到菲斯特

我們路線是「上山辛苦下山輕鬆」，所以離開時走得特別輕快，分為兩段路，第一段是 FAULHORN → BUSSALP，為全程的下坡路，約一小時便走到著名的巴克普湖（BACHALPSEE）；第二段是 BACHALPSEE → FIRST，則為全程的平坦之路，約 40 分鐘抵達目的地。

可遠望到福爾山旅館

在此再介紹一下我們推薦的走法，是 FIRST → BACHALPSEE → FAULHORN → BUSSALP 或 FIRST，其中「BACHALPSEE → FAULHORN」這段上坡路，約一個半小時，因為大部分旅客走至 BACHALPSEE，看完雪峰倒影在湖上的景色後就回去，只有少數旅客會往上走；雖然路上人少，但迷路機會卻很低，因為只有一條路，而且座落於山頂的福爾山旅館，早已出現遠方的一角，就像我們從 BUSSALP 那道山坡爬行上去一樣，可以遠望到旅館跡影，因此走起來十分安心。

大家陸續下山

我們告別福爾山旅館，同行的還有可愛親切的 WERNER 和 HELEN，就在大雨濃霧之際出發。其他住客也陸續出發，有些比我們更早下山去，所以一路上走往 FIRST 方向的都是旅館住客，都是曾經一起觀看的終極美景。

因為有在地人 WERNER 和 HELEN 的帶領，即使在濃霧中，步行速度也十分快，不過中途的雨勢變得很大，期間我們不得不走進山中小屋暫避風雨，想不到在健行時經常遇見的小屋，我們這次竟然用得上。

雨勢不斷加大，來到最後一段（BACHALPSEE → FIRST）的平坦大路，WERNER 和 HELEN 變得健步如飛，我們的步速也要加快，最後比起標準步行時間減少了三分之一，只花了 60 多分鐘便走完。

上：離開前，Werner 和 Helen 替背包穿上雨衣。中：我們在濃霧中出發。我想對當地人來說，這程度的濃霧只是小兒科。下：第一段為下坡路，走著走著，巴克普湖已經在下方出現。

❽ 頃刻心動的終極景色

　　這裡的住宿體驗、這裡看到的 360 度景色、這裡一切的感受，或許可以成為許多旅客人生中最精彩的場面之一。

　　晚餐過後，餐廳裡的各人已散去，信步登上福爾山最高點觀日落。微風吹拂，大家自然地各佔一個角落，靜靜的、默默的沉醉於無限美好的景色。

少女峰等多座組成的一字排開的連綿群峰

因特拉肯镇、湖泊以及伸延出去的重重群山。

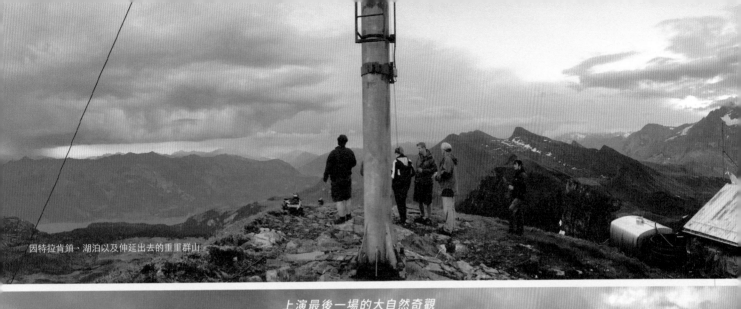

因特拉肯鎮、湖泊以及伸延出去的重重群山

上演最後一場的大自然奇觀

　　太陽漸漸滑下，少女峰那邊的一字排開連綿群峰亦一點點暗下來，在柔和光暈下，以恬淡安詳的姿態吸引著我們視綫；另一邊山下的因特拉肯鎮、湖泊以及伸延出去的重重群山，被夕陽西沉的光芒渲染著，周圍的霞雲也變得五彩繽紛，籠罩著一片濃濃的神秘感，宛如上演今天最後一場的大自然奇觀。

　　待一會兒，太陽完全落下，只留下一段淡淡紅霞在很遠很遠的天邊。隨着暮色的降臨，山巒的樣子模糊了。回到房間後，我坐在窗前仍然凝視著黑暗天際，沉浸在日落景致所帶來的遐想之中。

因特拉肯鎮、湖泊以及伸延出去的重重群山。

一夜過後，萬籟俱靜

　　鬧鐘發揮不到作用，我倆在五點左右睡到自然醒起來。從房間窗外看出去，淡青色的天空還鑲著幾顆殘星，朦朦朧朧的山谷，如同籠罩著一層銀灰色的輕紗。

　　登上山頂時候，已有不少人在等候，大家打個照面，愉悅地輕聲說早晨，然後各自去找觀日出的位置。

因特拉肯鎮、湖泊以及伸延出去的重重群山。

少女峰等多座組成的一字排開的連綿群峰。

滿足笑意

不經意間，天空好像被誰刷了一層色彩，慢慢的，慢慢的
天空變白了。一瞬間，天空就像魚肚般白了，也沖走了清晨的
寒冷，把溫暖帶來，只見眾人臉上已掛上滿足的笑意。

因特拉肯鎮、湖泊以及伸延出去的重重群山。

少女峰等多座組成的一字排開的連綿群峰

最美好的瑞士旅行時光還未來到

　　瑞士之旅，一轉眼便溜走了，就像做了一場夢、就像做了數不盡的美夢，過後剩下如夢如幻的刻骨銘心記憶。

　　回憶的片段中，尋找著自己在瑞士的最美好旅行時光，想著想著，是英格堡阿爾卑斯山區的兩天旅程嗎？是聖莫里茲的五小時橫越兩道冰川嗎？是在少女峰觀景台觀賞到的阿萊奇冰川壯麗景色嗎？是福爾山旅館的獨特住宿體驗與 360 度景色嗎？還是上一回旅程裡摸黑登山去看馬特洪峰的黃金日出嗎？……

　　深思許久，竟然找不會答案，只因我最後才恍然大悟：我們最完美的瑞士之旅仍未能劃上句號，不久的將來定必再起行，每回旅程都會以「尋找瑞士的最美好旅行時光」為目標，登上更多的山峰、跨越更長的冰川、克服更難的體驗，然後每一次都會「注定失敗」。

　　每一次「失敗」，也造就新一趟瑞士之旅，人生的旅途中一直有著這種追求與期待，無憾了。

info 福爾山旅館　　網址：www.berghotel-faulhorn.ch